MARIA DIAZ

ARGENTINIEN

Kochbuch

Alle Ratschläge in diesem Buch wurden vom Autor und vom Verlag sorgfältig erwogen und geprüft. Eine Garantie kann dennoch nicht übernommen werden. Eine Haftung des Autors beziehungsweise des Verlags für jegliche Personen-, Sach- und Vermögensschäden ist daher ausgeschlossen.

Email: info@edition-lunerion.de
www.edition-lunerion.de

Psiana eCom UG
Berumer Str. 44
26844 Jemgum

Vorwort

Verschneite Gebirgslandschaften in den Anden, trockenheiße Savannenregion im Norden, ein tropischer Nordost-Zipfel, Traumstrände und die gigantische Pampa mit ihren riesigen Rinderherden: Argentinien besticht mit einzigartiger landschaftlicher Vielfalt. Nicht minder reichhaltig ist die Küche und wenn Sie die erkunden wollen, dann müssen Sie nicht einmal in den Flieger steigen – schnappen Sie sich Kochlöffel und dieses Buch und los geht's!

Bei argentinischem Essen denken Sie zuerst an ein saftiges, großes Steak? Nicht zu Unrecht! Denn die Rinderzucht ist legendär und hat in der traditionellen Landesküche eine einzigartige Vielfalt an köstlichen Fleischrezepten hervorgebracht. Doch das ist längst nicht alles: Unterschiedliche Klimazonen, abwechslungsreiche Natur, Artenvielfalt sowie europäische Einflüsse aus der Zeit als spanisches Territorium sorgen für verlockenden Reichtum an variationsreichen Schlemmereien, bei denen für jeden Geschmack etwas dabei ist. Von würzig-aromatischen Suppen und nahrhaften Salaten über zahlreiche kleine Leckereien, Snacks und Süßspeisen bis hin zu den berühmten Fleischgerichten entdecken Sie hier Köstlichkeiten für jeden Anlass und auch die eine oder andere vegetarische Spezialität verlockt zum Nachkochen. Für den Originalgeschmack sorgen Saucen, Dips und Gewürzmischungen, die Ihren Menüs authentisches Argentinien-Flair einhauchen, und mit typischen Drinks runden Sie Ihr Geschmackserlebnis ab.

Guten Appetit!

INHALT

Wissenswertes

Argentinien ist das zweitgrößte Land in Südamerika. Die Amtssprache ist Spanisch. Das liegt daran, dass die meisten Länder in Südamerika spanische Territorien waren. Es gibt aber noch regionale Amtssprachen, die auf die indigenen Ureinwohner zurückgehen. Das wären die indigenen Sprachen der Wichí, der Guaraní, der Toba und der Mocoví.

Die Hauptstadt ist Buenos Aires. In dessen Ballungsraum lebt etwa ein Drittel der Gesamtbevölkerung des Landes. Das gesamte Land Argentinien hat etwa 46.100.000 Einwohner und die Währung dort ist der argentinische Peso. Seit dem 09.07.1816 ist Argentinien unabhängig von Spanien.

Den Namen verdankt Argentinien den Spaniern. Sie hofften einst, hier viele Edelmetalle zu finden. Daher leitet sich das Wort Argentinien von dem lateinischen Begriff „argentum" ab, welches „Silber" bedeutet.

Argentinien verfügt über unterschiedliche Klimazonen. Das rührt daher, weil das Land eine sehr große Nord-Süd-Ausdehnung hat, sie beläuft über knapp 3.700 Kilometer. Die trockenen und kalten Gebiete im Süden des Landes haben eine geringe Einwohnerdichte.

Der westliche Teil des Landes ist durch die Anden geprägt. Dies ist die längste kontinentale Gebirgskette der Welt. Im Norden Argentiniens befinden sich heiße Regionen mit Savannen und Trockenwäldern, nur ein kleines Gebiet im Nordosten befindet sich in den Tropen. Im Osten befinden sich die

Iguazú-Wasserfälle. Mit einer Breite von knapp drei Kilometern zählen sie zu den größten der Welt. Buenos Aires liegt in einem feuchten, sumpfigen Areal Argentiniens.

Die großen Rinderherden sind südlich und westlich von Buenos Aires zu finden, denn hier erstreckt sich die riesengroße Pampa. Sie ist mit Gras bewachsen, welches den Rindern die Nahrung bietet. Weiterhin werden hier viel Weizen und sonstige Agrarprodukte angebaut. Ein großer Teil des Rindfleisches wird exportiert.

Die Falklandinseln sorgten einst für einen Krieg zwischen Argentinien und Großbritannien, den sogenannten Falklandkrieg. Die Inseln sind britisches Überseegebiet, liegen jedoch geografisch Südamerika zugehörig. Schon seit dem Jahr 1833 beansprucht Argentinien die Falklandinseln für sich. Deshalb wurden sie vom 02.04.1982 bis zum 14.06.1982 von den Argentiniern besetzt. Die Besetzung endete mit einer Niederlage der Südamerikaner und so bleiben die Falklandinseln britisches Überseegebiet.

Der unterschiedlichen Klimazonen ist es zu verdanken, dass hier viele verschiedene Tier- und Pflanzenarten heimisch sind. So sind tropische Pflanzen wie Palisandergehölze und Palmen ebenso zu finden wie Eukalyptusbäume und amerikanische Platanen. In trockenen Bereichen Argentiniens wachsen Kakteen und Dornsträucher. Wälder bestehen überwiegend aus Laubbäumen, die in wenigen Gebieten mit Koniferen ergänzt sind. Es wurden aber viele Nadelhölzer eingeführt, die an den Andenhängen wachsen. Deshalb sind hier auch Zypressen, Fichten, Zedern und Kiefern zu finden.

Der heiße Norden Argentiniens wird von unterschiedlichen Affenarten, Pumas, Jaguaren, Nasenbären, Waschbären, Ameisenbären und Reptilien besiedelt. Zudem sind hier Flamingos, Papageien, Kolibris und Tukane ansässig.

Im Andengebiet sind wilde Lamas zu finden und auch der Andenkondor lebt hier. Er zählt zu den größten Vögeln der Welt. Das Gebiet der Pampas war einst mit Gürteltieren, Pampasfüchsen, Mähnenwölfen, Nandus und verschiedenen Greifvögeln bevölkert. Durch die Landwirtschaft verloren sie jedoch ihren Lebensraum und sind nur noch spärlich vorhanden.

An den Küsten leben Pinguine, Seebären und Mähnenrobben und in argentinischen Gewässern tummeln sich Orcas, Delfine, Seehechte, Makrelen, Sardinen und Doraden.

Der Tourismus Argentiniens findet sich vor allem an den Küsten des Landes, aber auch verschiedene Landschaften innerhalb des Landes sind vom Tourismus geprägt. Viele Einheimische bleiben im eigenen Land, um Urlaub zu machen. Dieser findet meist in den dortigen Sommerferien, Mitte Dezember bis Anfang März, oder in den Winterferien, etwa drei Wochen im Juli, statt.

Ausländische Touristen besuchen in der Regel die Badeorte rund um Buenos Aires. Beliebt sind aber auch Ziele wie die besagten Wasserfälle, Gletscherlandschaften in den Anden oder der Los Gigantes in der Sierra de Córdoba. Auch die Patagonische Atlantikküste wird von Touristen gerne besucht, denn hier können Seelöwen, Pinguine und Wale beobachtet werden. Sogar Winterurlauber kommen in Argentinien auf ihre Kosten. In den Anden sind zahlreiche Wintersportzentren vorhanden.

Außerhalb der Touristenzentren werden Sie keinem Massentourismus begegnen. Dennoch können Sie in vielen Gebieten eine einfache Unterkunft finden, um das Land zu entdecken.

EINKAUFSLISTE

- **Chipotle Chili** Gewürzmischung
- **Zimtblüten** diese sind weniger intensiv im Zimtgeschmack, sie sehen optisch aus wie Nelken
- **Dulce de leche** argentinischer Karamell-Brotaufstrich
- **Maniokmehl** Mehl ohne Getreide, aus der Maniokwurzel hergestellt. In gut sortierten Supermärkten erhältlich
- **Terma** argentinisches Getränk, im Internet erhältlich

Salate

ARGENTINISCHE GEMÜSEBOWLE

6 Port.

3 Std. 20 Min.

Leicht

Zutaten

1 Zwiebel
1 Salatgurke
2 Gewürzgurken
1 Peperoni
2 Tomaten
250 g Bohnen aus der Dose
1 Dose Mais
Je 1 Bund Schnittlauch und Petersilie

Marinade:
2 EL Weißweinessig
1 TL Senf
1 TL Zucker
6 EL Öl
1 Prise Salz

Nährwerte p. P.

146 kcal
13 g Kohlenhydrate
8 g Fett
5 g Eiweiß

1 Geben Sie den Mais und die Bohnen zum Abtropfen in ein Sieb. Währenddessen schälen Sie die Salatgurke und schneiden sie in mundgerechte Stücke. Die Gewürzgurken schneiden Sie ebenso in Stücke. Spülen Sie die Tomaten ab und schneiden Sie sie in Würfel.

2 Pellen Sie die Zwiebel und hacken Sie sie in feine Stücke. Säubern Sie die Peperoni und schneiden Sie sie in dünne Ringe. Spülen Sie die Kräuter ab und hacken Sie sie in feine Stücke.

3 Geben Sie alle Gemüsezutaten mit den abgetropften Bohnen und dem Mais in eine Schüssel und vermischen Sie sie sorgfältig miteinander.

4 Für die Marinade vermischen Sie alle Zutaten in einer Schüssel und gießen sie über den Salat. Stellen Sie den Salat für mindestens 3 Stunden in den Kühlschrank.

ARGENTINISCHER KARTOFFELSALAT

4 Port.

1 Std.

Leicht

Zutaten

1 kg Kartoffeln, festkochend
500 ml Milch
50 g Schweineschmalz
2 Knoblauchzehen
1 TL Oregano, getrocknet
1 EL Kurkumapulver
1 EL Butter
1 Prise Salz
Chilipulver, nach Belieben

Nährwerte p. P.

440 kcal
52 g Kohlenhydrate
20 g Fett
10 g Eiweiß

1 Kochen Sie die Kartoffeln mit der Schale. Anschließend stellen Sie sie zum Abkühlen beiseite. Danach pellen Sie die Schale ab. Schneiden Sie die Kartoffeln in mundgerechte Würfel.

2 Pellen Sie den Knoblauch und hacken Sie ihn in feine Stücke. Erhitzen Sie das Schmalz in einer Pfanne und braten Sie den Knoblauch darin an. Geben Sie den Oregano, das Kurkumapulver, das Salz und das Chilipulver dazu und rösten Sie alles kurz an. Nun rühren Sie die Milch unter die Zutaten. Köcheln Sie alles unter Rühren, bis die Milch etwas eingekocht ist und sämig wird. Anschließend rühren Sie die Butter in die Soße.

3 Geben Sie die Kartoffelwürfel in die Pfanne und erhitzen Sie sie bei niedriger Temperatur. Rühren Sie dabei immer wieder um. Sollte die Soße zu dick werden, geben Sie etwas Milch dazu.

4 Schmecken Sie die Speise nochmals mit den Gewürzen ab und servieren Sie den Kartoffelsalat warm.

QUINOA-SALAT

4 Port.

1 Std.

Leicht

Zutaten

400 g Quinoa
Wasser zum Einweichen
2 Lorbeerblätter
1 Knoblauchzehe
4 Champignons, braun
1 Zwiebel, rot
Je 1 Paprika, rot und grün
1 Avocado
1 Handvoll Oliven, ohne Kern
Je 1 Handvoll Rosinen, Basilikum, Petersilie und Rucola
1 EL Butter
1 Zitrone, Saft und abgeriebene Schale
½ Orange, Saft davon
1 EL Olivenöl
200 ml Koriander-Soße
Je 1 Prise Salz und Pfeffer

Nährwerte p. P.

695 kcal
86 g Kohlenhydrate
28 g Fett
18 g Eiweiß

1 Geben Sie die Quinoa in einen großen Topf und füllen Sie so viel Wasser auf, bis sie bedeckt ist. Sollten Verunreinigungen auf dem Wasser schwimmen, schöpfen Sie diese ab. Stellen Sie den Topf für etwa 20 Minuten zum Quellen beiseite. Pellen Sie die Knoblauchzehe.

2 Anschließend geben Sie die Quinoa in ein Küchensieb und dann wieder in den Topf. Füllen Sie die doppelte Menge an Wasser hinzu. Legen Sie die Lorbeerblätter und die ganze Knoblauchzehe hinein und kochen Sie alles einmal auf. Verringern Sie die Temperatur auf die niedrigste Stufe und köcheln Sie die Zutaten für etwa 15 Minuten. Anschließend stellen Sie den Topf für etwa 5 Minuten zum weiteren Quellen beiseite. Entnehmen Sie die Lorbeerblätter und die Knoblauchzehe.

3 Säubern Sie die Pilze und schneiden Sie sie in Würfel. Pellen Sie die Zwiebel und schneiden Sie sie in kleine Stücke. Säubern Sie die Paprika und schneiden Sie sie in Würfel. Schälen Sie die Avocado, entfernen Sie den Kern und schneiden Sie das Fruchtfleisch in Würfel. Hacken Sie die Oliven in kleine Stücke. Spülen Sie die Kräuter ab und hacken Sie sie in feine Stücke.

4 Erhitzen Sie die Butter in einer Pfanne und braten Sie die Pilze darin an. Vermischen Sie einen Spritzer Zitronensaft mit den Pilzen.

5 Geben Sie die gequollene Quinoa in eine große Salatschüssel und mischen Sie alle anderen Zutaten darunter. Geben Sie etwas Olivenöl und den restlichen Zitronensaft dazu. Würzen Sie zum Schluss mit Salz und Pfeffer.

6 Zum Servieren verteilen Sie den Salat auf kleine Schüsseln und geben jeweils eine beliebige Menge der Koriander-Soße darauf.

AVOCADO-SALAT

4 Port.

30 Min.

Leicht

Zutaten

2 Avocados
250 g Salatmischung
500 g Maiskolben, gegart
2 Limetten
2 Frühlingszwiebeln
10 g Koriander, frisch
1 TL Honig
8 EL Öl
1 Prise Chilipulver
Je 1 Prise Salz und Pfeffer

Nährwerte p. P.

449 kcal
39 g Kohlenhydrate
34 g Fett
8 g Eiweiß

1 Schneiden Sie die Avocados zur Hälfte durch und entfernen Sie den Kern. Holen Sie das Fruchtfleisch mit einem Löffel aus der Schale und schneiden Sie es in Spalten. Spülen Sie den Koriander ab und hacken Sie ihn in grobe Stücke. Geben Sie die Salatmischung in ein Sieb und spülen Sie sie gründlich ab. Säubern Sie die Frühlingszwiebeln und schneiden Sie sie in dünne Ringe. Halbieren Sie die Limetten und pressen Sie den Saft heraus.

2 Erhitzen Sie 1 Esslöffel Öl in einer Pfanne und braten Sie die Maiskolben rundherum an. Im Sommer können Sie sie auch auf dem Holzkohlegrill für 5 Minuten von allen Seiten grillen. Anschließend schneiden Sie die Körner vom Kolben ab.

3 Geben Sie den Limettensaft, den Honig, den Koriander und das übrige Öl in eine Rührschüssel und pürieren Sie alles zu einer feinen Masse. Schmecken Sie das Dressing mit Pfeffer, Chilipulver und Salz ab.

4 Zum Servieren richten Sie die Avocadospalten mit dem Mais, der Salatmischung sowie den Frühlingszwiebeln auf einem Teller an und träufeln nach Belieben das Korianderdressing darüber.

ARGENTINA

Suppen

CHILI-MAIS-SUPPE

4 Port.

45 Min.

Leicht

Zutaten

500 ml Gemüse- oder Rinderfond
2 Dosen Mais
1 EL Butter
1 TL Zucker
250 ml Sahne
1 Zwiebel
½ Chilischote
Je 1 Prise Salz und Pfeffer
etwas Petersilie

Nährwerte p. P.

361 kcal
21 g Kohlenhydrate
25 g Fett
6 g Eiweiß

1 Geben Sie den Mais zum Abtropfen in ein Sieb. Entnehmen Sie anschließend 2 Esslöffel und stellen Sie sie beiseite. Pellen Sie die Zwiebel und schneiden Sie sie in kleine Würfel. Säubern Sie die Chilischote und schneiden Sie sie in dünne Streifen. Spülen Sie die Petersilie ab und hacken Sie sie in feine Stücke.

2 Erhitzen Sie die Butter in einem Topf und geben Sie den Zucker zum Karamellisieren hinein. Nun fügen Sie die Zwiebelwürfel und die Chilistreifen dazu. Dünsten Sie beides bei mittlerer Temperatur leicht glasig an.

3 Nun geben Sie den Mais aus dem Sieb in den Topf und dünsten ihn für 2 bis 3 Minuten. Gießen Sie den Gemüse- oder Rinderfond dazu und verrühren Sie alles miteinander. Köcheln Sie die Zutaten für etwa 10 bis 15 Minuten. Anschließend rühren Sie die Sahne darunter und köcheln alles für weitere 2 bis 3 Minuten. Würzen Sie die Speise mit Salz und Pfeffer.

4 Nehmen Sie den Topf von der Kochstelle und pürieren Sie alle Zutaten zu einer sämigen Suppe. Wenn Sie möchten, können Sie die Suppe zusätzlich durch ein Sieb streichen.

5 Geben Sie den beiseitegestellten Mais und die Petersilie in die Suppe. Nach kurzem Erwärmen ist die Suppe servierfertig.

CANIA ARGENTINA |

ARGENTINISCHE HIRTENSUPPE

6 Port.

1 Std.

Leicht

Zutaten

250 g Cabanossi
100 g Schinkenwürfel
2 Liter Rinderfond, Fertigprodukt
4 Kartoffeln, festkochend
3 Paprika nach Wahl
3 Tomaten
2 Zwiebeln
1 Möhre
2 Stangen Lauch
1 EL Tomatenmark
1 EL Öl
Knoblauchpulver und Cayennepfeffer, nach Belieben
Thymian, nach Belieben
Salz und Pfeffer, nach Belieben

Nährwerte p. P.

343 kcal
22 g Kohlenhydrate
20 g Fett
16 g Eiweiß

1 Säubern Sie die Paprika und schneiden Sie sie in Würfel. Pellen Sie die Zwiebeln und schneiden Sie sie in kleine Stücke. Schälen Sie die Möhren und schneiden Sie sie in grobe Stücke. Säubern Sie den Lauch und schneiden Sie ihn in Ringe. Waschen Sie die Tomaten ab und schneiden Sie sie in grobe Stücke. Schneiden Sie die Cabanossi in Scheiben und schälen Sie die Kartoffeln. Schneiden Sie sie in Würfel und kochen Sie sie in Salzwasser gar.

2 Erhitzen Sie das Öl in einem Topf und braten Sie die Schinkenwürfel darin an. Geben Sie das vorbereitete Gemüse hinein und rühren Sie das Tomatenmark darunter. Würzen Sie nach Belieben mit Salz, Pfeffer, Cayennepfeffer, Knoblauchpulver und Thymian. Anschließend gießen Sie den Rinderfond an.

3 Köcheln Sie die Suppe kurz auf und rühren Sie anschließend die Kartoffelwürfel und die Cabanossischeiben in die Suppe. Köcheln Sie die Speise für weitere 2 bis 3 Minuten und schmecken Sie sie nochmals nach Belieben mit den Gewürzen ab.

CHILI-HACK-SUPPE

4 Port.

1 Std.

Leicht

Zutaten

400 g Hackfleisch, gemischt
1 Gemüsezwiebel
1 EL Mehl
1 EL Öl
1 EL Tomatenmark
1 Dose Tomaten, geschält
¼ Liter Gemüsebrühe
2 Lorbeerblätter
1 Chilischote
2 Zucchini
2 Sternanis
1 TL Zimt
1 EL Essig
1 Stange Porree
Je 1 Prise Salz und Pfeffer

Nährwerte p. P.

380 kcal
15 g Kohlenhydrate
23 g Fett
25 g Eiweiß

1 Pellen Sie die Zwiebel und schneiden Sie sie in Würfel. Erhitzen Sie das Öl in einem ausreichend großen Topf und braten Sie die Zwiebelwürfel darin an. Geben Sie das Hackfleisch dazu und braten Sie es krümelig an. Nun rühren Sie das Tomatenmark hinein und mischen das Mehl dazu. Schwitzen Sie alles für kurze Zeit an und löschen Sie dann mit der Gemüsebrühe ab.

2 Füllen Sie die Tomaten aus der Dose in den Topf und zerdrücken Sie diese mit einem Kochlöffel. Säubern Sie die Chilischote und schneiden Sie sie in kleine Stücke. Vermischen Sie sie mit den Zutaten im Topf. Geben Sie die Lorbeerblätter, den Sternanis und den Zimt dazu und verrühren Sie alles miteinander. Köcheln Sie die Suppe bei niedriger Temperatur für etwa 15 Minuten.

3 Währenddessen säubern Sie den Porree und schneiden ihn in Ringe. Waschen Sie die Zucchini ab und schneiden Sie sie in Würfel. Geben Sie beides in den Topf und köcheln Sie die Suppe für weitere 5 Minuten. Würzen Sie nach Belieben mit Salz, Pfeffer und dem Essig.

SÜDAMERIKANISCHE HACKFLEISCHSUPPE

4 Port.

30 Min.

Leicht

Zutaten

300 g Hackfleisch, gemischt
150 g Wurst, z. B. Wiener
300 g Peperoni
160 ml Rotwein
600 ml Wasser
1 Dose Kidneybohnen
2 Knoblauchzehen
3 Suppenwürfel (Brühwürfel)
1 Zwiebel
Je 1 TL Paprikapulver, Chilipulver und Pfeffer
1 EL Öl
1 EL Salz

Nährwerte p. P.

518 kcal
19 g Kohlenhydrate
34 g Fett
22 g Eiweiß

1 Schneiden Sie die Wurst in Scheiben. Pellen Sie die Zwiebel und den Knoblauch und schneiden Sie beides in kleine Würfel. Säubern Sie die Peperoni und schneiden Sie sie in Streifen. Geben Sie die Bohnen in ein Sieb und spülen Sie sie gründlich ab. Füllen Sie den Rotwein in einen Messbecher oder Ähnlichem und mischen Sie die Brühwürfel darunter.

2 Erhitzen Sie das Öl in einem ausreichend großen Topf und braten Sie das Hackfleisch darin an. Geben Sie die Zwiebel- und die Knoblauchwürfel sowie die Wurstscheiben dazu und vermischen Sie alles miteinander.

3 Anschließend rühren Sie die Bohnen und die Peperonistreifen dazu. Braten Sie alle Zutaten für etwa 5 Minuten. Dann löschen Sie sie mit dem Wasser ab und geben die Rotwein-Brühwürfelmischung hinein. Kochen Sie die Suppe kurz auf und reduzieren Sie dann die Temperatur auf die niedrigste Stufe.

4 Köcheln Sie die Suppe für etwa 5 Minuten und schmecken Sie sie mit dem Chilipulver, dem Paprikapulver, dem Pfeffer und dem Salz ab.

SÜDAMERIKANISCHE SÜẞKARTOFFELSUPPE

3 Port.

30 Min.

Leicht

Zutaten

500 g Süßkartoffeln
50 g Möhren
100 g saure Sahne
30 g Butter
60 g Brot, alt
1 Liter Wasser
½ TL Pfeffer, schwarz
2 TL Kräuter der Provence
1 TL Salz

Nährwerte p. P.

335 kcal
47 g Kohlenhydrate
14 g Fett
5 g Eiweiß

1 Schälen Sie die Kartoffeln und die Möhren. Schneiden Sie beides in kleine Würfel.

2 Füllen Sie das Wasser in einen Topf und geben Sie die Kartoffeln und die Möhren hinein. Würzen Sie mit dem Salz, dem Pfeffer und den Kräutern der Provence. Kochen Sie die Zutaten, bis das Gemüse weich geworden ist.

3 Währenddessen schneiden Sie das Brot in ganz dünne Scheiben. Erhitzen Sie die Butter in einer Pfanne und rösten Sie die Brotscheiben darin, bis sie eine goldbraune Farbe angenommen haben.

4 Nach der Garzeit pürieren Sie das Gemüse im Kochwasser und mischen anschließend die saure Sahne darunter.

5 Zum Servieren richten Sie die Suppe auf Tellern an und garnieren sie mit dem gerösteten Brot.

ARGENTINA

Brote

ARGENTINISCHES OSTERBROT

1 Brot

2 Std.
15 Min.

Leicht

Zutaten

600 g Mehl, Type 550
120 g Butter
120 g Rosinen
70 g Butter
250 ml Milch, lauwarm
1 Hefewürfel
1 Zitrone, die abgeriebene Schale
1 TL Zucker für den Teig
1 EL Zucker für die Backform
1 EL Butter für die Backform
1 TL Salz
1 Prise Chilipulver
3 Eigelbe
2 Zweige Rosmarin

Nährwerte p. Brot

4.357 kcal
634 g Kohlenhydrate
153 g Fett
100 g Eiweiß

1 Geben Sie das Mehl durch ein Sieb in eine Rührschüssel. Bilden Sie in der Mitte eine Mulde und bröckeln Sie die Hefe hinein. Streuen Sie einen Teelöffel des Zuckers darüber. Füllen Sie etwa 5 Esslöffel der warmen Milch hinein und ziehen Sie etwas Mehl vom Rand darüber. Vermischen Sie in der Mulde die Zutaten leicht zu einem Vorteig und stellen Sie die Schüssel für 15 Minuten zum Gehen beiseite. Gießen Sie die übrige Milch in eine Schüssel und geben Sie 120 g Butter dazu. Sie soll sich gänzlich in der Milch auflösen.

2 Gießen Sie die Milch-Butter-Mischung in die Rührschüssel mit dem Vorteig. Geben Sie die abgeriebene Zitronenschale, die Eigelbe, das Chilipulver, den restlichen Zucker und das Salz dazu und verkneten Sie alle Zutaten zu einem geschmeidigen Teig. Decken Sie die Schüssel ab und stellen Sie sie zum Gehen für etwa 40 Minuten an einen warmen Ort.

3 Geben Sie die Rosinen in eine hitzebeständige Schüssel und gießen Sie kochendes Wasser darüber. Nach wenigen Minuten füllen Sie die Rosinen zum Abtropfen in ein Sieb. Vermischen Sie die Rosinen im Teig, nachdem dieser sein Volumen verdoppelt hat.

4 Fetten Sie eine Auflauf- oder Kastenform mit 70 g Butter ein und streuen Sie sie mit dem Zucker aus. Legen Sie an den Rändern der Form die Rosmarinzweige hinein und füllen Sie den Teig in die Form.

5 Heizen Sie den Backofen auf 200 °C mit Ober- und Unterhitze vor. Stellen Sie die Backform auf die mittlere Schiene und backen Sie das Brot für etwa 10 Minuten. Anschließend reduzieren Sie die Temperatur auf 180 °C und backen das Brot für weitere 30 Minuten. Sollte die Oberfläche zu dunkel werden, decken Sie ein Stück Alufolie darüber.

CHIPA |

BROTARTIGES GEBÄCK

6 Port.

30 Min.

Leicht

Zutaten

1 kg Maniokmehl (Maniokpulver)
200 g Butter
500 g Käse, Gouda oder Emmentaler
1 TL Backpulver
4 Eier
etwas Milch
1 Prise Salz

Nährwerte p. 100 g

229 kcal
7 g Kohlenhydrate
19 g Fett
7 g Eiweiß

1 Heizen Sie den Backofen auf 200 °C mit Umluftfunktion vor. Reiben Sie mithilfe einer Reibe den Käse in feine Stücke.

2 Geben Sie das Maniokmehl in eine Rührschüssel und vermischen Sie es mit dem Backpulver. Rühren Sie die Butter, die Eier, das Salz und eine kleine Menge Milch dazu. Erst danach vermischen Sie den geriebenen Käse im Teig.

3 Formen Sie mit den Händen Kugeln aus dem Teig und legen Sie sie auf ein mit Backpapier ausgelegtes Blech.

4 Backen Sie die kleinen Brote für etwa 15 Minuten auf der mittleren Schiene.

MEDIALUNAS |

ARGENTINISCHE HÖRNCHEN

8 Port.

3 Std. 40 Min.

Mittel

Zutaten

250 g Mehl
5 g Frischhefe
35 g Butter, kalt, in kleinen Stücken
60 ml Milch
40 ml Wasser
4 g Vanilleextrakt
50 g Zucker
1 Ei
5 g Salz
2 EL Quittengelee

Nährwerte p. P.

193 kcal
32 g Kohlenhydrate
5 g Fett
4 g Eiweiß

1 Verquirlen Sie das Ei und teilen Sie es in zwei gleich große Mengen. Geben Sie alle Zutaten, bis auf die Butter und eine halbe Eimenge sowie das Quittengelee, in eine Rührschüssel und kneten Sie mit einem Handrührgerät mit Knethaken einen Teig. Fangen Sie zunächst mit der kleinsten Stufe an und erhöhen Sie nach und nach die Geschwindigkeit. Währenddessen geben Sie stückweise die kalte Butter dazu. Der Teig ist anfangs sehr fest, nach Zugeben der Butter wird er weicher.

2 Decken Sie die Schüssel ab und stellen Sie sie für etwa 2 Stunden an einen warmen Ort. Wenn sich das Volumen des Teiges verdoppelt hat, können Sie ihn weiterverarbeiten.

3 Bestreuen Sie eine Arbeitsfläche mit etwas Mehl und rollen Sie den Teig aus. Er sollte etwa 3 Millimeter dick sein. Schneiden Sie 8 gleichschenklige Dreiecke aus dem Teig. Rollen Sie diese Dreiecke zu Hörnchen zusammen und legen Sie sie dicht an dicht mit der Spitze nach unten auf ein mit Backpapier ausgelegtes Blech. Decken Sie die Hörnchen mit einem sauberen Tuch ab und stellen Sie sie für etwa 60 Minuten zum Gehen beiseite. Das Volumen sollte sich abermals verdoppeln.

4 Heizen Sie den Backofen auf 180 °C mit Umluftfunktion vor. Bestreichen Sie die Hörnchen mit der übrigen Eimenge und backen Sie sie für etwa 15 bis 20 Minuten im Backofen, bis sie eine goldgelbe Farbe angenommen haben.

5 In der Zwischenzeit erhitzen Sie das Quittengelee. Streichen Sie es auf die Hörnchen, nachdem Sie sie aus dem Backofen herausgeholt haben.

SCHARFES MAISBROT

1 Brot

1 Std.

Leicht

Zutaten

200 g Maismehl
80 g Maisstärke
70 g Zucker, braun
200 ml Buttermilch
60 ml Olivenöl
1 Chilischote
2 Eier
1 Limette
2 TL Backpulver
1 EL Butter
1 TL Salz

Nährwerte p. 100 g

267 kcal
36 g Kohlenhydrate
12 g Fett
4 g Eiweiß

1 Heizen Sie den Backofen auf 210 °C mit Umluftfunktion vor. Fetten Sie eine Springform oder eine Gratinform mit Butter ein und stellen Sie sie für etwa 10 Minuten in den Backofen.

2 Währenddessen säubern Sie die Chilischote und schneiden sie in kleine Stücke. Reiben Sie etwa die Hälfte der Limettenschale von der Frucht ab.

3 Geben Sie das Mehl in eine Schüssel und vermischen Sie es mit der Stärke, dem Backpulver, dem Zucker, dem Salz, der Limettenschale und den Chilistücken.

4 Füllen Sie nun die Buttermilch sowie das Olivenöl dazu und schlagen Sie die Eier hinein. Stellen Sie mit einem Handrührgerät einen geschmeidigen Teig her. Er wird sehr flüssig sein.

5 Nehmen Sie die Backform aus dem Ofen und füllen Sie den Teig hinein. Backen Sie das Brot auf der mittleren Schiene für etwa 25 Minuten. Nach der Garzeit lassen Sie es kurz abkühlen und lösen es dann aus der Form. Sie können es noch warm servieren.

Vorspeisen

In Argentinien ist es in der Regel nicht üblich, Vorspeisen zu servieren. Wenn doch, kommt meist Salat oder ein Snack auf den Tisch. Deshalb sind hier nur zwei Rezepte aufgeführt, die als Vorspeise dienen, aber auch als Nachspeise oder Beilage serviert werden können.

BROTPUDDING MIT OBSTSALAT

 4 Port.  1,5 Std.  Leicht

Zutaten

250 ml Milch
100 g Zucker
250 g Weißbrot
1 EL Butter
4 Ampullen Vanillearoma
½ Zitrone, die abgeriebene Schale
400 g Ananas
200 g Papaya
250 g Mango
75 g Sternfrucht
2 EL Zucker, braun
1 Limette, den Saft davon

Nährwerte p. P.

420 kcal
80 g Kohlenhydrate
7 g Fett
8 g Eiweiß

1 Entfernen Sie die Rinde des Weißbrotes. Gießen Sie die Milch in eine Schüssel und weichen Sie das Brot darin ein. Schmelzen Sie die Butter in der Mikrowelle oder einem Topf und geben Sie sie zur Brot-Milch-Mischung. Füllen Sie 50 g Zucker und das Vanillearoma sowie die abgeriebene Schale der halben Zitrone dazu. Verkneten Sie alle Zutaten miteinander.

2 Geben Sie die übrigen 50 g Zucker in eine Pfanne und karamellisieren Sie es. Verteilen Sie das Karamell auf 4 ofenfeste Förmchen. Geben Sie nun die Brotmasse darauf.

3 Befüllen Sie eine ofenfeste Form mit heißem Wasser und stellen Sie die Förmchen mit dem Brotpudding hinein. Sie sollten etwa zu ¾ im Wasser stehen. Heizen Sie den Backofen auf 125 °C mit Umluftfunktion vor. Backen Sie die Speise für etwa 55 Minuten.

4 Währenddessen schälen Sie die Mango, entfernen den Kern und schneiden das Fruchtfleisch in Scheiben. Vierteln Sie die Papaya und entfernen Sie die Schale und den Kern. Schneiden Sie die Viertel waagerecht ein und ziehen Sie die Scheibchen als Fächer auseinander. Schälen Sie die Ananas und schneiden Sie sie in Scheiben. Halbieren Sie die Scheiben und schneiden Sie den Strunk heraus. Säubern Sie die Sternfrucht und schneiden Sie sie in Scheiben.

5 Geben Sie den Limettensaft in einen Topf und verrühren Sie den braunen Zucker darin. Erhitzen Sie beides unter Rühren bis zum Kochen. Stellen Sie die Masse zum Abkühlen beiseite. Die Förmchen mit dem Brotpudding lassen Sie ebenfalls lauwarm abkühlen.

6 Lösen Sie den Pudding mit einem Messer von der Form und stürzen Sie ihn auf einen Teller. Richten Sie daneben den Obstsalat an und träufeln Sie die Limettensoße darüber.

HUMITAS |

MAISBREI

4 Port.

1 Std.

Leicht

Zutaten

400 g Kürbisfleisch, süß
100 g Käse, gerieben
100 g Crème fraîche
200 ml Milch
2 EL Olivenöl
1 Chilischote
1 Peperoni
1 Frühlingszwiebel
1 Zwiebel
8 Maiskolben
5 Zweige Petersilie
1 Prise Oregano, getrocknet
Je 1 Prise Cayennepfeffer, Pfeffer und Salz
etwas Wasser

Nährwerte p. P.

300 kcal
16 g Kohlenhydrate
19 g Fett
12 g Eiweiß

1 Raspeln Sie die Maiskolben und das Kürbisfleisch mit einer Reibe in eine Schüssel. Pellen Sie beide Zwiebeln und schneiden Sie sie in feine Stücke. Säubern Sie die Chili- und die Peperonischote und schneiden Sie sie in kleine Stücke. Spülen Sie die Petersilie ab und hacken Sie sie in feine Stücke.

2 Erhitzen Sie das Olivenöl in einer Pfanne und braten Sie die Zwiebeln, die Chilischote und die Peperonischote an.

3 Füllen Sie die Milch in eine Schüssel und mischen Sie den geriebenen Kürbis, den Mais und die Crème fraîche darunter. Geben Sie die Mischung in die Pfanne und verrühren Sie alle Zutaten miteinander. Würzen Sie nach Belieben mit Salz, Pfeffer, Cayennepfeffer und Oregano sowie der gehackten Petersilie. Köcheln Sie die Speise bei niedriger Temperatur für etwa 20 Minuten. Füllen Sie bei Bedarf etwas Wasser hinzu.

4 Zum Schluss rühren Sie den Käse hinein. Wenn er geschmolzen ist, können Sie die Speise servieren.

ARGENTINA

Hauptgerichte mit Fleisch & Geflügel

CARBONADA CRIOLLA |

ARGENTINISCHER EINTOPF

4 Port.

2,5 Std.

Mittel

Zutaten

1 kg Rind- oder Kalbfleisch
1 Knoblauchzehe
2 Zwiebeln
3 Tomaten
2 Paprika, grün
2 Pfirsiche
2 Äpfel
4 Kartoffeln
½ Knollensellerie
1 Bund Suppengrün
200 g Schweineschmalz
Je 100 g Weintrauben, weiß und rot + kernlos
250 g Kürbisfleisch
1 Dose Mais
½ Liter Fleischbrühe
¼ Liter Weißwein
1 Lorbeerblatt
3 Pfefferkörner
Salz, nach Belieben
Chilipulver, nach Belieben
Majoran, Thymian und Petersilie nach Belieben

1 Schneiden Sie das Fleisch in mundgerechte Würfel. Säubern Sie das Suppengrün und den Sellerie und schneiden Sie beides in Würfel. Erhitzen Sie das Schmalz in einem Topf und braten Sie darin das Fleisch rundherum an. Geben Sie das Suppengrün und den Sellerie dazu und verrühren Sie alles miteinander. Gießen Sie eine kleine Menge Wasser an und legen Sie einen Deckel auf. Garen Sie die Zutaten für etwa 40 Minuten.

2 In der Zwischenzeit pellen Sie die Zwiebeln und den Knoblauch. Schneiden Sie die Zwiebeln in kleine Würfel und pressen Sie den Knoblauch in ein Schälchen. Säubern Sie die Paprika und schneiden Sie sie in Würfel. Schälen Sie die Kartoffeln und den Kürbis und schneiden Sie beides in mundgerechte Stücke. Mit den Äpfeln verfahren Sie ebenso.

3 Erhitzen Sie eine Pfanne und rösten Sie darin die Zwiebelwürfel, den Knoblauch und die Paprikawürfel an. Anschließend geben Sie diese Zutaten in den Topf. Jetzt fügen Sie auch die Kartoffeln, den Kürbis und die Äpfel dazu und rühren alles gut durch. Gießen Sie die Brühe und den Wein an und köcheln Sie den Eintopf für etwa 15 Minuten.

Nährwerte p. 100 g

280 kcal
2 g Kohlenhydrate
5 g Fett
3 g Eiweiß

4 Währenddessen schälen Sie die Pfirsiche und schneiden sie in Würfel. Geben Sie den Mais zum Abtropfen in ein Sieb und spülen Sie die Tomaten ab. Schneiden Sie sie in Würfel. Anschließend geben Sie diese Zutaten sowie die Weintrauben in den Topf.

5 Schmecken Sie den Eintopf mit den angegebenen Gewürzen und Kräutern ab. Gegebenenfalls gießen Sie noch etwas Brühe auf, die Speise soll allerdings nicht zu dünnflüssig werden.

6 Zum Servieren reichen Sie Reis oder Brot dazu.

GUISO |

ARGENTINISCHES GULASCH

4 Port.

2 Std.

Mittel

Zutaten

500 g Markknochen vom Rind
400 g Gulasch vom Rind
50 g Reis
250 g Kartoffeln
500 ml Wasser
20 g Margarine
2 Tomaten
1 Zwiebel
½ Dose Tomaten, stückig
1 Prise Paprikapulver
1 Prise Pfeffer
Salz, nach Belieben

Nährwerte p. P.

559 kcal
39 g Kohlenhydrate
16 g Fett
69 g Eiweiß

1 Geben Sie die Markknochen in einen Topf und füllen Sie so viel Salzwasser dazu, bis sie bedeckt sind. Kochen Sie die Knochen für etwa 60 Minuten und stellen Sie somit eine Brühe her.

2 In der Zwischenzeit pellen Sie die Zwiebel und schneiden sie in kleine Würfel. Schälen Sie die Kartoffeln und schneiden Sie sie in Scheiben. Säubern Sie die Tomaten und schneiden Sie sie in Scheiben.

3 Erhitzen Sie die Margarine in einem Topf und braten Sie darin das Gulasch rundherum an. Geben Sie die Zwiebelwürfel dazu und füllen Sie etwa 125 ml der Knochenbrühe dazu. Würzen Sie die Speise nach Belieben mit Salz, Pfeffer und Paprikapulver. Reduzieren Sie die Temperatur auf die mittlere Stufe des Herdes und legen Sie einen Deckel auf. Schmoren Sie das Gulasch für etwa 60 Minuten.

4 Nach der Kochzeit legen Sie die Kartoffelscheiben auf die Oberfläche der Speise und würzen mit etwas Salz. Verteilen Sie den rohen Reis und die Dosentomaten mit Saft darüber. Anschließend legen Sie die Tomatenscheiben obenauf und füllen Knochenbrühe dazu, bis die Zutaten bedeckt sind. Die Speise wird nicht mehr umgerührt. Legen Sie einen Deckel auf den Topf und garen Sie das Gulasch für etwa 45 Minuten.

5 Nehmen Sie etwa 15 Minuten vor Ende der Garzeit den Deckel ab. Kochen Sie die Speise etwas ein, ohne sie umzurühren. Das Gulasch wird direkt aus dem Topf serviert.

RIB-EYE-STEAK MIT SALSA VERDE

1 Port.

30 Min.

Mittel

Zutaten

1 Rib-Eye-Steak, ca. 180 g
½ Paprika, gelb
½ Bund Petersilie
1 Knoblauchzehe
1 Zweig Rosmarin
1 Sardelle aus der Dose
5 EL Gemüsebrühe
2 TL Olivenöl
1 EL Zitronensaft
Tabasco, rot, nach Belieben
Je 1 Prise Salz und Pfeffer

Nährwerte p. P.

376 kcal
5 g Kohlenhydrate
20 g Fett
41 g Eiweiß

1 Säubern Sie die Paprika und schneiden Sie sie in kleine Stücke. Spülen Sie die Petersilie ab und zerhacken Sie sie. Pellen Sie den Knoblauch und schneiden Sie ihn in kleine Stücke. Legen Sie die Sardelle zum Entölen auf ein Stück Küchenpapier.

2 Geben Sie die Paprikastücke, die Petersilie, den Knoblauch und die Sardelle mit einem Teelöffel Olivenöl sowie der Brühe in eine Schüssel und pürieren Sie die Zutaten zu einer homogenen Masse. Schmecken Sie die entstandene Soße mit Salz, Pfeffer, Zitronensaft und Tabasco ab.

3 Erhitzen Sie das übrige Olivenöl in einer Pfanne. Würzen Sie das Fleisch von beiden Seiten und legen Sie es in die Pfanne. Braten Sie das Steak je Seite für etwa 3 bis 4 Minuten. Geben Sie nach der halben Garzeit den Rosmarin in die Pfanne.

4 Zum Servieren richten Sie das Steak mit der Salsa Verde auf einem Teller an und reichen Baguette dazu.

LAMMRÜCKENFILET MIT MANDELPOLENTA

4 Port.

2 Std.

Mittel

Zutaten

Lamm:
4 Lammrückenfilets, küchenfertig ausgelöst
1 Knoblauchzehe
1 Chilischote, grün
1 Paprika, grün
Je 1 Bund Petersilie und Koriandergrün
10 Stängel Oregano
100 ml Olivenöl
2 EL Limettensaft
Je 1 Prise Salz und Pfeffer

Mandelpolenta:
100 g Polenta
40 g Mandeln, gemahlen
40 g Butter
750 ml Milch
1 Prise Pfeffer
1 TL Salz

Soße:
100 g Zwiebeln
1 Zitrone, abgeriebene Schale
2 Paprika, rot
1 Knoblauchzehe
100 ml Sahne
300 ml Lammfond
1 EL Olivenöl
Je 1 Prise Salz und Pfeffer

Nährwerte p. P.

826 kcal
35 g Kohlenhydrate
56 g Fett
45 g Eiweiß

1 Zunächst bereiten Sie die Soße zu. Dazu säubern Sie die Paprika und schneiden sie in Viertel. Legen Sie sie mit der Haut nach oben auf ein mit Backpapier ausgelegtes Blech. Heizen Sie den Backofen auf 200 °C mit Grillfunktion vor und grillen Sie die Paprikastücke auf der mittleren Schiene, bis die Haut schwarz wird. Anschließend legen Sie sie auf ein feuchtes Küchentuch, bedecken die Schoten damit und lassen sie etwa 30 Minuten abkühlen. Ziehen Sie dann die Haut ab und schneiden Sie die Paprikaviertel in grobe Stücke.

2 Pellen Sie die Zwiebeln und den Knoblauch und schneiden Sie beides in feine Stücke. Erhitzen Sie das Olivenöl in einer Pfanne und braten Sie die Zwiebeln und den Knoblauch an. Geben Sie die Paprikastücke dazu und löschen Sie die Zutaten mit dem Lammfond ab. Köcheln Sie alles bei mittlerer Temperatur für etwa 10 Minuten.

3 Rühren Sie nun die Sahne dazu. Anschließend füllen Sie den Inhalt der Pfanne in ein Rührgefäß und pürieren alles zu einer glatten Masse. Geben Sie das Püree wieder in die Pfanne und kochen es kurz auf. Schmecken Sie die Soße mit Salz, Pfeffer und der Zitronenschale ab. Stellen Sie sie zur weiteren Verwendung beiseite.

4 Nun bereiten Sie die Polenta zu. Erhitzen Sie eine Pfanne ohne Fettzugabe und rösten Sie die Mandeln darin an. Entnehmen Sie einen Teelöffel der Mandeln und stellen Sie sie beiseite.

5 Füllen Sie die Milch in einen Topf und geben Sie die Mandeln aus der Pfanne, die Butter, das Salz und etwas Pfeffer dazu.

6 Verrühren Sie die Zutaten miteinander und kochen Sie die Milch kurz auf. Reduzieren Sie dann die Temperatur auf die niedrigste Stufe und geben Sie unter Rühren die Polenta dazu. Legen Sie einen Deckel auf und lassen Sie die Polenta für etwa 30 bis 35 Minuten quellen. Rühren Sie zwischendurch mehrmals um.

7 Jetzt bereiten Sie die Würzpaste für das Lamm zu. Pellen Sie den Knoblauch und schneiden Sie ihn in grobe Stücke. Säubern Sie die Paprika und die Chilischote und schneiden Sie sie in grobe Stücke. Entfernen Sie die Blätter der Petersilie und des Oregano und hacken Sie beides in grobe Stücke. Ebenso zerhacken Sie 8 Stängel des Koriandergrüns in grobe Stücke.

8 Geben Sie diese Zutaten in einen Multizerkleinerer und füllen Sie 70 Milliliter Olivenöl sowie den Limettensaft dazu. Mixen Sie alles zu einer feinen Masse und würzen Sie sie anschließend mit etwas Salz.

9 Heizen Sie den Backofen auf 160 °C mit Umluftfunktion vor. Würzen Sie das Fleisch mit Salz und Pfeffer und erhitzen Sie das übrige Olivenöl in einer Pfanne. Braten Sie es von beiden Seiten für etwa 1 bis 2 Minuten an. Legen Sie das Fleisch anschließend in eine ofenfeste Form und garen Sie es im Backofen für etwa 5 bis 6 Minuten. Danach wickeln Sie es in Alufolie ein und stellen es für 5 Minuten zum Ruhen beiseite.

10 Erhitzen Sie in der Zwischenzeit die Soße. Halbieren Sie das Fleisch in der Länge und richten Sie es auf einem Teller an. Geben Sie die Soße und die Würzpaste darüber und drapieren Sie eine beliebige Menge der Mandelpolenta daneben. Streuen Sie die übrigen Mandeln darüber und garnieren Sie die Speise mit den übrigen Blättern des Koriandergrüns.

ARGENTINISCHES RUMPSTEAK

4 Port.

1,5 Std.

Leicht

Zutaten

2 Rumpsteaks à 400 g
1 Knoblauchzehe
80 g Butter, weich
50 g Joghurt-Frischkäse
½ Chilischote, rot
1 Packung Kresse
4 Stängel Basilikum
4 Zweige Rosmarin
2 EL Öl
Je 1 PriseSalz, Pfeffer und Zucker

Nährwerte p. P.

480 kcal
1 g Kohlenhydrate
32 g Fett
46 g Eiweiß

1 Entnehmen Sie das Fleisch etwa eine halbe Stunde vor der Zubereitung dem Kühlschrank. Heizen Sie den Backofen auf 80 °C mit Ober- und Unterhitze vor. Schieben Sie jetzt schon eine ofenfeste Form auf der mittleren Schiene hinein.

2 Säubern Sie die Chilischote und hacken Sie sie in feine Stücke. Pellen Sie den Knoblauch und schneiden Sie ihn in feine Stücke. Zupfen Sie die Blätter des Basilikums ab und schneiden Sie sie in kleine Stücke. Schneiden Sie die Kresse ab.

3 Verrühren Sie die Butter mit einem Handrührgerät zu einer schaumigen Masse. Geben Sie das Basilikum, die Kresse, die Chilistücke und den Knoblauch dazu und vermischen Sie alles miteinander. Schmecken Sie die Kräuterbutter mit etwas Salz ab und vermischen Sie den Joghurt-Frischkäse darin. Wickeln Sie die Masse in ein Stück Frischhaltefolie. Formen Sie eine Rolle aus der Butter und legen Sie sie für mindestens 1 Stunde in den Kühlschrank.

4 Erhitzen Sie das Öl in einer Pfanne und würzen Sie das Fleisch mit Salz, Pfeffer und einer Prise Zucker. Braten Sie es von beiden Seiten für etwa 8 Minuten an. Geben Sie nach 6 Minuten den Rosmarin in die Pfanne. Anschließend geben Sie beides in die Form im Backofen und garen es für etwa 30 Minuten zu Ende.

5 Schneiden Sie die Steaks in etwa 1 Zentimeter dicke Scheiben und richten Sie sie mit dem Rosmarin auf einem Teller an. Zum Servieren reichen Sie die Kräuterbutter und nach Belieben ein Baguette dazu.

RUMPSTEAK AUF SALZBETT MIT SALAT

6 Port.

1 Std.

Leicht

Zutaten

Salat:
50 g Staudensellerie
Je 1 Paprika, rot und gelb
1 Zucchini
1 Zwiebel, rot
5 Knoblauchzehen
4 Stängel Estragon
8 EL Olivenöl
3 EL Gemüsefond
3 EL Estragon-Essig
Salz und Pfeffer, nach Belieben
1 Prise Zucker

Rumpsteak:
3 Rumpsteaks
1 kg Meersalz, grob
3 EL Wasser
4 Stängel Estragon
6 Zweige Thymian
3 Zweige Rosmarin
8 Lorbeerblätter
6 EL Olivenöl
Pfeffer nach Belieben

Nährwerte p. P.

397 kcal
4 g Kohlenhydrate
29 g Fett
30 g Eiweiß

1 Säubern Sie den Sellerie, die Paprika und die Zucchini und schneiden Sie beides in kleine Würfel. Pellen Sie die Zwiebel und den Knoblauch und hacken Sie beides in kleine Stücke.

2 Erhitzen Sie 2 Esslöffel des Olivenöls und dünsten Sie das vorbereitete Gemüse darin an. Würzen Sie es mit Salz und Pfeffer und stellen Sie die Pfanne dann zum Abkühlen beiseite.

3 Hacken Sie die Blätter des Estragons in feine Stücke. Geben Sie das übrige Olivenöl in eine Rührschüssel und verrühren Sie es mit dem Gemüsefond und dem Essig. Würzen Sie die Marinade mit Salz, Pfeffer und etwas Zucker. Anschließend vermischen Sie das Gemüse aus der Pfanne und den Estragon darin. Stellen Sie den Salat beiseite.

4 Heizen Sie den Backofen auf 230 °C mit Umluftfunktion vor. Geben Sie das Salz in eine Schüssel und vermischen Sie es mit dem Wasser. Geben Sie das Salzgemisch auf ein Backblech und verteilen Sie es auf etwa 20 x 35 Zentimeter mit einer Höhe von etwa 2 Zentimeter. Verteilen Sie den Thymian, den Rosmarin und die Lorbeerblätter darauf. Drücken Sie das Salzbett gründlich an. Schieben Sie das Blech auf die mittlere Schiene und backen Sie das Salzbett für etwa 15 Minuten vor.

5 Hacken Sie die Blätter des Estragons in feine Stücke und vermischen Sie es mit dem Olivenöl. Würzen Sie die Steaks mit Pfeffer und bestreichen Sie sie nur von einer Seite mit der halben Menge des Olivenöl-Estragon-Gemischs. Legen Sie das Fleisch auf das Salzbett und garen Sie es für etwa 15 Minuten.

6 Nach der halben Garzeit drehen Sie die Steaks um und streichen die Hälfte der restlichen Olivenölmischung darüber. Garen Sie das Fleisch zu Ende. Anschließend nehmen Sie das Blech aus dem Ofen und decken ein Stück Alufolie darüber. Stellen Sie es zum Ruhen für etwa 5 Minuten beiseite.

7 Danach schneiden Sie das Fleisch schräg in dünne Scheiben und bestreichen es mit der übrigen Olivenölmischung. Richten Sie den Salat auf Tellern an und drapieren Sie die Rumpsteakscheiben darauf. Zum Servieren reichen Sie ein Baguette dazu.

GEGRILLTES BAUCHFLEISCH MIT GEMÜSESPIEß

4 Port.

45 Min.

Leicht

Zutaten

4 Scheiben Bauchfleisch, ca. à 125 g
100 g Champignons
Je 1 Paprika, rot, gelb und grün
1 Topf Estragon
4 Zwiebeln
2 EL Senf
8 Lorbeerblätter
1 EL Öl
Salz und Pfeffer, nach Belieben

Nährwerte p. P.

382 kcal
11 g Kohlenhydrate
30 g Fett
15 g Eiweiß

1 Säubern Sie die Paprika und schneiden Sie sie in mundgerechte Stücke. Pellen Sie die Zwiebeln und schneiden Sie sie zur Hälfte durch. Putzen und waschen Sie die Champignons. Verteilen Sie die Paprikastücke, die Lorbeerblätter und die Zwiebeln auf 8 Holzspieße. Würzen Sie die Gemüsespieße mit Salz und Pfeffer.

2 Grillen Sie das Fleisch und die Spieße für etwa 10 Minuten von beiden Seiten. Bestreichen Sie beides zwischendurch mit etwas Olivenöl.

3 Zupfen Sie die Blätter des Estragons ab und hacken Sie sie in feine Stücke. Vermischen Sie den Estragon mit dem Senf und würzen Sie die Masse mit Salz und Pfeffer. Bestreichen Sie das Fleisch damit und grillen Sie es nochmals für 2 Minuten von beiden Seiten.

GEGRILLTES T-BONE-STEAK

 4 Port.
 30 Min.
 Leicht

Zutaten

2 T-Bone-Steaks
2 Fleischtomaten
½ Bund Petersilie
2 EL Öl
1 EL Butter
1 EL Paniermehl
Salz und Pfeffer, nach Belieben

Nährwerte p. P.

284 kcal
4 g Kohlenhydrate
20 g Fett
21 g Eiweiß

1 Bestreichen Sie das Fleisch von beiden Seiten mit Öl. Grillen Sie es entweder auf dem Holzkohlegrill oder im Backofen mit Grillfunktion für etwa 15 bis 20 Minuten. Zwischendurch drehen Sie es mehrmals um. Zum Schluss würzen Sie die Steaks mit Salz und Pfeffer.

2 Alternativ können Sie das Fleisch auch in der Pfanne scharf anbraten. Anschließend braten Sie es bei mittlerer Hitze pro Seite für etwa 8 Minuten. Auch hier würzen Sie das Fleisch am Ende der Garzeit.

3 In der Zwischenzeit spülen Sie die Petersilie ab und hacken sie in kleine Stücke. Säubern Sie die Tomaten und schneiden Sie sie in zwei Hälften. Bestreichen Sie die Schnittflächen mit der Butter, würzen Sie sie mit Salz und Pfeffer und streuen Sie die Petersilie darüber. Anschließend geben Sie das Paniermehl darauf.

4 Überbacken Sie die Tomaten für etwa 5 Minuten und servieren Sie sie zum Steak.

GAUCHO-HASENPFANNE

4 Port.

1,5 Std.

Leicht

Zutaten

800 g Hasenkeulen, TK-Ware
500 g Kartoffeln
250 ml Fleischbrühe
Je 1 Paprika, rot, gelb und grün
2 Knoblauchzehen
1 Gemüsezwiebel
1 Chilischote
1 Fleischtomate
3 EL Öl
1 TL Tomatenmark
Majoran, frisch, nach Belieben
Paprikapulver, Salz und Pfeffer nach Belieben

Nährwerte p. 100 g

50 kcal
11 g Kohlenhydrate
0 g Fett
1 g Eiweiß

1 Tauen Sie die Hasenkeulen nach Packungsanweisung auf. Anschließend waschen Sie sie ab und tupfen sie mit einem Stück Küchenpapier trocken. Erhitzen Sie das Öl in einer Pfanne und braten Sie darin die Hasenkeulen rundherum an.

2 Pellen Sie den Knoblauch, zerdrücken Sie die Zehen und geben Sie sie in die Pfanne zu den Hasenkeulen. Löschen Sie die Zutaten mit der Brühe ab und verrühren Sie das Tomatenmark in der Flüssigkeit. Würzen Sie nach Belieben mit Paprikapulver, Pfeffer und Salz. Legen Sie einen Deckel auf die Pfanne und schmoren Sie die Keulen für etwa 30 Minuten bei mittlerer Temperatur.

3 Währenddessen pellen Sie die Zwiebel und schneiden sie in Scheiben. Entfernen Sie die Haut von der Tomate und schneiden Sie sie ebenfalls in Scheiben. Säubern Sie die Paprikaschoten und schneiden Sie sie in rautenförmige Stücke. Die Chilischote schneiden Sie in dünne Ringe und die Kartoffeln schälen Sie und schneiden sie in mundgerechte Stücke.

4 Geben Sie das vorbereitete Gemüse und die Kartoffeln zu den Hasenkeulen in die Pfanne und köcheln Sie alles für weitere 30 Minuten. Spülen Sie den Majoran ab und schütteln Sie ihn trocken.

5 Anschließend schmecken Sie die Speise nochmals mit Paprika, Pfeffer und Salz nach Belieben ab. Zum Servieren garnieren Sie die Speise mit dem frischen Majoran.

ARGENTINISCHER PFEFFERTOPF

 4 Port.

 1 Std.

Leicht

Zutaten

100 g Speckwürfel
800 g Rindfleisch
4 Paprika
4 Zwiebeln
1 Knoblauchzehe
1 EL Paprikapulver, edelsüß
1 TL Thymian, getrocknet
½ Tasse Öl
Wasser zum Ablöschen, nach Belieben
Salz und Pfeffer, nach Belieben

Nährwerte p. 100 g

113 kcal
0 g Kohlenhydrate
3 g Fett
21 g Eiweiß

1 Pellen Sie die Zwiebel und den Knoblauch und schneiden Sie beides in kleine Stücke. Erhitzen Sie das Öl in einer Pfanne und braten Sie die Speckwürfel darin aus. Geben Sie die Zwiebeln und den Knoblauch dazu und dünsten Sie beides, bis es glasig wird. Schneiden Sie das Rindfleisch in mundgerechte Stücke. Alternativ können Sie auch von vornherein Gulasch verwenden.

2 Geben Sie die Fleischstücke in die Pfanne und braten Sie sie von allen Seiten an. Anschließend löschen Sie alles mit Wasser ab und würzen die Flüssigkeit nach Belieben mit Paprika, Thymian sowie Salz und Pfeffer. Schmoren Sie die Speise mit aufgelegtem Deckel, bis das Fleisch zart wird.

3 In der Zwischenzeit säubern Sie die Paprika und schneiden sie in Ringe. Geben Sie sie kurz vor Ende der Garzeit in die Pfanne. Würzen Sie nochmals nach Belieben mit den Gewürzen. Zum Servieren können Sie Reis dazu reichen.

RIND-GEMÜSEEINTOPF

4 Port.

1,5 Std.

Leicht

Zutaten

1 kg Rindfleisch aus der Schulter, alternativ Gulasch
300 ml Rindfleischbrühe
Zuckerwasser, zum Kochen
4 Knoblauchzehen
4 Süßkartoffeln
2 Maiskolben, frisch
4 Möhren
2 Lorbeerblätter
5 EL Öl
1 EL Zucker
1 EL Speisestärke
2 EL Apfelessig
1 TL Cayennepfeffer
Salz und Pfeffer, nach Belieben

Nährwerte p. P.

1.089 kcal
125 g Kohlenhydrate
38 g Fett
60 g Eiweiß

1 Schneiden Sie das Fleisch in mundgerechte Würfel. Schälen Sie die Möhren und die Süßkartoffeln und schneiden Sie beides in Würfel. Pellen Sie den Knoblauch und hacken Sie ihn in feine Stücke. Spülen Sie die Maiskolben ab und kochen Sie sie für 10 Minuten in reichlich Zuckerwasser. Anschließend schneiden Sie sie in dicke Scheiben.

2 Erhitzen Sie das Öl in einem ausreichend großen Topf und braten Sie das Fleisch darin rundherum an. Löschen Sie es mit der Brühe ab und geben Sie die Kartoffelstücke, die Möhrenwürfel, die Lorbeerblätter sowie den Knoblauch dazu. Würzen Sie mit Cayennepfeffer, Zucker, Apfelessig und Pfeffer sowie Salz nach Belieben. Legen Sie einen Deckel auf den Topf und schmoren Sie die Zutaten für etwa 40 Minuten bei niedriger Temperatur.

3 Nach der Garzeit nehmen Sie 3 Esslöffel von der Brühe aus dem Topf und verrühren sie mit der Speisestärke. Sämen Sie die Flüssigkeit im Topf damit an. Geben Sie die Maiskolben dazu und köcheln Sie alles für weitere 10 Minuten. Schmecken Sie die Soße eventuell nochmals mit dem Cayennepfeffer ab.

LAMMKEULE MIT BOHNEN

6 Port.

1 Std.
10 Min.

Mittel

Zutaten

1 ½ kg Lammkeule, ohne Knochen
100 g Kidneybohnen, Konserve
50 g Chorizo, scharfe Paprikawurst
250 ml Fleischbrühe
250 ml Weißwein, trocken
200 ml Sahne
3 EL Pflanzenöl
1 Ei
2 EL Petersilie, gehackt
2 Scheiben Toastbrot
2 Knoblauchzehen
1 Zwiebel
½ TL Kreuzkümmel, gemahlen
1 Prise Muskat
Salz und Pfeffer, nach Belieben

Nährwerte p. P.

553 kcal
8 g Kohlenhydrate
29 g Fett
58 g Eiweiß

1 Heizen Sie den Backofen auf 180 °C mit Umluftfunktion vor. Pellen Sie die Zwiebel und den Knoblauch und schneiden Sie beides in kleine Würfel. Geben Sie die Bohnen in ein Sieb und spülen Sie sie gründlich ab. Pellen Sie die Chorizo und schneiden Sie sie in kleine Würfel. Schneiden Sie das Brot in Würfel und geben Sie es in eine Schüssel. Gießen Sie die Hälfte der Sahne darüber.

2 Mischen Sie das eingeweichte Brot mit den Zwiebel- und Knoblauchwürfeln, der gehackten Petersilie, dem Ei und den Bohnen. Würzen Sie die Masse mit Pfeffer, Salz, Kreuzkümmel und Muskat.

3 Würzen Sie das Fleisch von allen Seiten mit Salz und Pfeffer. Geben Sie die Brotfüllung auf das Fleisch und binden Sie es mit Küchengarn zu.

4 Erhitzen Sie das Öl in einem Bräter und braten Sie die Lammkeule rundherum an. Legen Sie einen Deckel auf und garen Sie das Fleisch für etwa 90 Minuten im Backofen.

5 Zwischendurch begießen Sie das Fleisch mit Wein und Brühe. Nach etwa 70 Minuten Garzeit nehmen Sie den Deckel ab und garen die Lammkeule zu Ende. Anschließend nehmen Sie sie aus dem Bräter und wickeln sie in Alufolie ein. Stellen Sie sie für etwa 10 Minuten beiseite.

6 Löschen Sie den Bratensud mit Brühe ab und geben Sie sie durch ein Sieb. Rühren Sie die übrige Sahne hinein. Schneiden Sie die Lammkeule in Scheiben und servieren Sie die Soße dazu.

PASTEL DE PAPA |

ARGENTINISCHER HACKAUFLAUF

6 Port. 1,5 Std. Mittel

Zutaten

750 g Hackfleisch, Rind
1 ½ kg Kartoffeln
½ Tasse Sahne
½ Tasse Milch
1 Zwiebel
1 Paprika, rot
2 Knoblauchzehen
100 g Oliven, grün
2 EL Rosinen
1 Brühwürfel
1 EL Olivenöl
1 TL Kreuzkümmel
2 EL Butter
6 Eier
1 TL Salz

Nährwerte p. P.

534 kcal
50 g Kohlenhydrate
20 g Fett
33 g Eiweiß

1 Kochen Sie die Kartoffeln als Pellkartoffeln gar. Pellen Sie sie, wenn sie lauwarm sind. Kochen Sie die Eier, bis sie hart sind.

2 Geben Sie die Kartoffeln in eine Schüssel und verkneten Sie sie mit der Butter, der Milch und der Sahne zu einer geschmeidigen Masse.

3 Pellen Sie die Zwiebel und den Knoblauch und schneiden Sie sie in kleine Würfel. Säubern Sie die Paprika und schneiden Sie sie in kleine Stücke. Geben Sie den Brühwürfel in ein Schälchen und lösen Sie ihn in einer kleinen Menge Wasser auf. Halbieren Sie die Oliven.

4 Erhitzen Sie das Olivenöl in einer Pfanne und braten Sie die Zwiebeln und den Knoblauch an. Geben Sie das Hackfleisch und die Paprikawürfel dazu und vermischen Sie alles mit dem Kreuzkümmel und dem Salz. Braten Sie das Hackfleisch, bis es fast gar ist. Es soll sich nicht braun verfärben, sondern saftig bleiben.

5 Nun löschen Sie das Hackfleisch mit dem aufgelösten Brühwürfel ab. Köcheln Sie die Speise bei niedriger Temperatur für etwa 10 bis 15 Minuten, bis sich die Flüssigkeit verflüchtigt hat.

6 Fetten Sie eine Auflaufform ein und geben Sie etwa die Hälfte des Kartoffelpürees hinein. Verteilen Sie anschließend die Hackfleischmasse darauf und streuen Sie die Rosinen darüber. Nun verteilen Sie die halbierten Oliven darauf und drücken die Eier vorsichtig in die Masse. Anschließend geben Sie das restliche Kartoffelpüree obenauf und streichen es glatt.

7 Heizen Sie den Backofen auf 180 °C mit Umluftfunktion vor und backen Sie den Auflauf für etwa 15 bis 20 Minuten, bis die Oberfläche knusprig wird.

CHILI CON CARNE

4 Port.

45 Min.

Leicht

Zutaten

500 g Hackfleisch, Rind
250 ml Brühe
1 Dose Mais
1 Dose Tomaten, geschält (400 g)
1 Dose Kidneybohnen
1 Chili, rot
1 Knoblauchzehe
1 Zwiebel
3 EL Tomatenmark
1 EL Öl
1 TL Kreuzkümmel, gemahlen
Je 1 Prise Salz und Pfeffer

Dip:
200 g saure Sahne
2 Lauchzwiebeln
4 Stängel Koriander, alternativ Petersilie

Nährwerte p. P.

495 kcal
28 g Kohlenhydrate
27 g Fett
36 g Eiweiß

1 Pellen Sie die Zwiebel und schneiden Sie sie in feine Würfel. Pellen Sie den Knoblauch und pressen Sie ihn in ein Schälchen. Säubern Sie die Chilischote und schneiden Sie sie in feine Würfel.

2 Erhitzen Sie das Öl in einem Topf und braten Sie die Zwiebeln darin an. Geben Sie das Hackfleisch, die Chiliwürfel und den Knoblauch dazu und vermischen Sie alles miteinander. Braten Sie das Hackfleisch krümelig an.

3 Vermischen Sie das Tomatenmark mit der Hackfleischmischung und füllen Sie die Tomaten aus der Dose hinein. Gießen Sie die Brühe dazu und verrühren Sie die Zutaten. Würzen Sie die Speise mit Kreuzkümmel, Pfeffer und Salz und legen Sie einen Deckel auf den Topf. Köcheln Sie das Chili für etwa 20 Minuten bei mittlerer Temperatur. Rühren Sie zwischendurch hin und wieder um.

4 Geben Sie die Bohnen und den Mais zum Abtropfen in ein Sieb und spülen Sie beides gründlich ab. Nach der Garzeit geben Sie die Bohnen und den Mais zum Chili in den Topf und köcheln die Speise für weitere 5 Minuten.

5 Spülen Sie den Koriander / die Petersilie ab und zupfen Sie die Blätter ab. Säubern Sie die Lauchzwiebeln und schneiden Sie sie in dünne Ringe.

6 Zum Servieren verteilen Sie das Chili auf Teller, geben eine kleine Menge saure Sahne darauf und garnieren es mit dem Koriander / der Petersilie und den Lauchzwiebelringen. Streuen Sie etwas Pfeffer auf den Klecks.

AJI DE GALLINA |

SCHARFES HÄHNCHENRAGOUT

4 Port.

45 Min.

Mittel

Zutaten

600 g Hähnchenbrustfilet
100 g Toastbrot
300 g Reis
75 g Walnusskerne
50 g Parmesankäse
50 g Oliven, grün
1 Bund Suppengemüse
3 Knoblauchzehen
3 Zwiebeln
3 EL Olivenöl
Je 1 Prise Cayennepfeffer und Salz
1 Liter Wasser
750 ml Salzwasser

Nährwerte p. P.

838 kcal
77 g Kohlenhydrate
33 g Fett
55 g Eiweiß

1 Säubern Sie das Suppengemüse und schneiden Sie es in grobe Würfel. Pellen Sie 1 Zwiebel und schneiden Sie sie in Viertel. Füllen Sie das Wasser in einen Topf und geben Sie das zerkleinerte Suppengemüse und die geviertelte Zwiebel hinein. Salzen Sie die Zutaten und kochen Sie sie kurz auf. Reduzieren Sie die Temperatur auf die niedrigste Stufe und legen Sie die Hähnchenbrustfilets hinein. Legen Sie einen Deckel auf den Topf und köcheln Sie alle Zutaten für etwa 15 Minuten.

2 In der Zwischenzeit geben Sie den Reis in einen Topf und gießen 750 ml Salzwasser hinzu. Kochen Sie den Reis einmal auf und legen Sie einen Deckel auf. Köcheln Sie den Reis bei niedriger Temperatur für etwa 15 Minuten, bis er weich ist.

3 Währenddessen pellen Sie die übrigen Zwiebeln und den Knoblauch und schneiden beides in kleine Würfel. Erhitzen Sie das Öl in einer Pfanne und dünsten Sie die Zwiebeln und den Knoblauch darin an. Hacken Sie die Walnüsse in grobe Stücke und geben Sie sie zum Anrösten in die Pfanne. Stellen Sie die Pfanne zum Abkühlen beiseite.

4 Nach der Garzeit holen Sie das Fleisch aus dem Topf und lassen es etwas abkühlen. Anschließend zerkleinern Sie es mit den Händen oder mithilfe zweier Gabeln. Gießen Sie den Kochsud durch ein Sieb und fangen Sie ihn dabei auf.

5 Geben Sie das Brot in eine hohe Schüssel und gießen Sie etwa 200 ml vom Kochsud darüber. Nach kurzem Einweichen geben Sie die Zutaten aus der Pfanne hinein und pürieren alles zu einer feinen Masse.

6 Füllen Sie etwa 400 ml des Kochsuds in einen Topf und erhitzen ihn bei mittlerer Temperatur. Geben Sie das Hähnchenfleisch und den Parmesankäse hinein. Rühren Sie die pürierten Zutaten hinein und würzen Sie mit Salz und Cayennepfeffer. Köcheln Sie das Ragout für etwa 4 Minuten und rühren Sie dabei immer wieder um. Bei Bedarf geben Sie etwas mehr Kochsud dazu.

7 Zum Servieren richten Sie das Ragout in einer Servierschüssel an und reichen den Reis und die Oliven dazu.

Hauptgerichte mit Fisch & Meeresfrüchten

In Argentinien werden Fischgerichte meist als Ceviche zubereitet. Es kann aus allen erdenklichen Fischsorten gemacht werden. Aus diesem Grund sind in diesem Kochbuch nur wenige Fischrezepte vertreten.

THUNFISCH-CEVICHE

2 Port.

40 Min.

Leicht

Zutaten

300 g Thunfisch, roh
200 ml Kokosmilch
1 Avocado
2 Limetten
1 Stck. Ingwer, etwa 6 cm
3 EL Fischsoße
1 EL Wasser
1 Prise Zucker
1 Bund Koriander
1 Msp. Chiliflocken
1 Prise Salz
1 Zwiebel, rot, zum Garnieren
½ Limette, zum Garnieren

Nährwerte p. P.

674 kcal
8 g Kohlenhydrate
61 g Fett
26 g Eiweiß

1 Pressen Sie die Limetten aus und mischen Sie den Saft in einer Schüssel mit dem Wasser. Spülen Sie den Koriander ab und hacken Sie die Blätter in feine Stücke. Schälen Sie den Ingwer und reiben Sie ihn in ein Schälchen. Pellen Sie die Zwiebel und schneiden Sie sie in dünne Scheiben. Schneiden Sie die halbe Limette in Scheiben.

2 Schneiden Sie den Thunfisch in etwa 2 cm große Würfel. Geben Sie die Würfel in eine Schüssel und vermischen Sie sie mit dem Limettensaft. Würzen Sie den Fisch mit Salz. Stellen Sie die Schüssel für etwa 15 Minuten in den Kühlschrank.

3 In der Zwischenzeit füllen Sie die Kokosmilch in eine Schüssel und vermischen sie mit dem Zucker, dem geriebenen Ingwer und der Fischsoße.

4 Schneiden Sie die Avocado zur Hälfte durch und entfernen Sie den Kern. Schneiden Sie das Fruchtfleisch über Kreuz ein und holen Sie es mit einem Löffel aus der Schale. Geben Sie die Avocadowürfel in die Kokosmilchmischung.

5 Mischen Sie den Koriander und die Chiliflocken in die Kokosmilchmischung. Nun geben Sie die Fischwürfel hinein und vermischen alles miteinander.

6 Zum Servieren richten Sie das Ceviche auf Tellern an und garnieren es mit den Zwiebelringen und den Limettenscheiben.

CAMARONES A LA DIABLA |

GARNELEN IN SCHARFER TOMATENSOẞE

4 Port.

40 Min.

Leicht

Zutaten

500 g Garnelen, mit Schale, ohne Kopf
1 Paprika, rot
2 Chilischoten
etwas Wasser
2 Stangen Staudensellerie
1 Dose Tomaten, geschält (kleine Konserve)
1 Zwiebel
3 Knoblauchzehen
2 EL Olivenöl
3 EL Ketchup
1 TL Worcestersoße
Je 1 Prise Salz und Pfeffer

Nährwerte p. P.

225 kcal
9 g Kohlenhydrate
9 g Fett
27 g Eiweiß

1 Säubern Sie die Chilischoten und schneiden Sie sie in kleine Stücke. Füllen Sie eine kleine Menge Wasser in einen Topf und köcheln Sie die Chiliwürfel für etwa 10 Minuten.

2 Geben Sie die Tomaten aus der Dose zum Abtropfen in ein Sieb. Schneiden Sie sie in grobe Stücke. Pellen Sie den Knoblauch.

3 Geben Sie die Tomatenstücke und eine Knoblauchzehe zu den Chilistücken ins Kochwasser. Pürieren Sie alles zu einer feinen Masse und nehmen Sie den Topf von der Kochstelle.

4 Pellen Sie die Zwiebel und hacken Sie sie und die übrigen Knoblauchzehen in feine Stücke. Säubern Sie die Paprika und schneiden Sie sie in kleine Würfel. Säubern Sie den Sellerie und schneiden Sie ihn in Scheiben. Spülen Sie die Garnelen gründlich ab.

5 Erhitzen Sie das Öl in einem Topf und dünsten Sie die Zwiebeln, den Knoblauch, die Paprika und den Sellerie darin an. Geben Sie die Garnelen hinein und dünsten Sie alles kurz an. Die Garnelen sollten eine rote Farbe annehmen.

6 Anschließend füllen Sie die Tomaten-Chili-Mischung dazu und köcheln alles für etwa 5 Minuten. Würzen Sie die Speise mit Salz und Pfeffer und schmecken Sie sie mit dem Ketchup und der Worcestersoße ab.

CEVICHE |

ROH MARINIERTES ZANDERFILET

8 Port. 30 Min. Leicht

Zutaten

400 g Zanderfilet
200 g Zwiebeln, rot
400 g Tomaten
2 Limetten
1 Bund Petersilie
1 Prise Salz

Nährwerte p. P.

85 kcal
5 g Kohlenhydrate
2 g Fett
13 g Eiweiß

1 Spülen Sie das Fischfilet ab und schneiden Sie es in dünne Scheiben. Legen Sie die Fischscheiben in eine Schüssel. Pressen Sie den Saft aus den Limetten und träufeln Sie es auf den Fisch. Decken Sie die Schüssel mit Frischhaltefolie ab und stellen Sie sie über Nacht in den Kühlschrank.

2 Am nächsten Tag säubern Sie die Tomaten und schneiden sie in Viertel. Holen Sie die Kerne heraus und schneiden Sie das Fruchtfleisch in kleine Würfel. Pellen Sie die Zwiebeln und schneiden Sie sie in kleine Würfel. Spülen Sie die Petersilie ab und hacken Sie die Blätter in feine Stücke.

3 Kurz vor dem Servieren mischen Sie die Fischscheiben mit den Tomaten, den Zwiebeln und der Petersilie. Verteilen Sie die Speise in Schälchen und würzen Sie sie mit Salz. Reichen Sie ein Brot dazu.

Vegetarische/vegane Hauptgerichte

Argentinien ist ein Land des Fleisches. Vegetarische Rezepte, die als typisch argentinisch bezeichnet werden können, sind schwer zu finden. Meist lassen sich jedoch Fleischgerichte abwandeln. Das Fleisch könnte durch entsprechende vegetarische oder vegane Zutaten ersetzt werden.

FUGAZZETA |

ARGENTINISCHE ZWIEBELPIZZA (VEGETARISCH)

6 Port.

45 Min.

Leicht

Zutaten

200 g Provolone (italienischer Schnittkäse)
2 Zwiebeln
Parmesan, nach Belieben
2 Pizzateige, Fertigprodukt aus der Kühlung
100 g Mozzarella
1 EL Olivenöl
Je 1 Prise Salz und Pfeffer

Nährwerte p. P.

606 kcal
95 g Kohlenhydrate
26 g Fett
29 g Eiweiß

1 Heizen Sie den Backofen auf 220 °C mit Umluftfunktion vor. Schneiden Sie den Provolone-Käse und den Mozzarella in gleich große Scheiben. Pellen Sie die Zwiebeln und schneiden Sie sie in kleine Würfel. Belegen Sie ein Backblech mit Backpapier.

2 Erhitzen Sie das Olivenöl in einer Pfanne und streuen Sie etwas Salz hinein. Geben Sie die Zwiebeln in die Pfanne und garen Sie sie für etwa 4 Minuten mit aufgelegtem Deckel.

3 Rollen Sie die Pizzateige aus und legen Sie den ersten Teig auf das Blech. Verteilen Sie die Käsescheiben darauf und würzen Sie nach Belieben mit Pfeffer.

4 Legen Sie den zweiten Pizzateig auf den ersten und verteilen Sie die gedünsteten Zwiebeln darauf. Streuen Sie nach Belieben den Parmesan über die Zwiebeln.

5 Backen Sie die Pizza auf der unteren Schiene für etwa 25 Minuten.

TORTA PASQUALINA |

ARGENTINISCHE GEMÜSETORTE (VEGETARISCH)

4 Port.

2 Std.

Leicht

Zutaten

Teig:
70 g Butter
300 g Mehl
70 ml Wasser, lauwarm
2 EL Öl
1 Prise Salz

Füllung:
100 g Parmesan, gerieben
300 g Spinat
4 Eier
7 EL Öl
2 EL Semmelbrösel
1 Prise Salz
1 Prise Pfeffer
Mehl zum Ausrollen und für die Form
Fett für die Form

Außerdem:
1 Ei
4 Eier

Nährwerte p. P.

979 kcal
66 g Kohlenhydrate
65 g Fett
33 g Eiweiß

1 Schütten Sie das Mehl für den Teig auf eine geeignete Arbeitsfläche und mischen Sie das Salz darunter. Bilden Sie in der Mitte eine Mulde und verteilen Sie die Butter in kleinen Stückchen rundherum um diese Mulde. In die Mulde hinein geben Sie das Öl und das Wasser. Verkneten Sie die Zutaten zu einem glatten Teig. Formen Sie 4 Kugeln und wickeln Sie sie einzeln in Frischhaltefolie ein. Legen Sie sie für 30 Minuten in den Kühlschrank.

2 In der Zwischenzeit säubern Sie den Spinat und schneiden ihn in kleine Stücke. Mischen Sie die Semmelbrösel, die Eier, den Parmesankäse, 5 Esslöffel Öl, Salz und Pfeffer darunter. Kochen Sie 4 Eier, bis sie hart sind. Anschließend pellen Sie sie ab. 1 Ei schlagen Sie in ein Schälchen und verquirlen es.

3 Bestreuen Sie die Arbeitsfläche mit Mehl und rollen Sie die Teigkugeln einzeln darauf aus. Sie sollten etwa die Größe einer Pieform oder einer Springform bekommen. Fetten Sie eine solche ein und bestreuen Sie sie mit etwas Mehl.

4 Legen Sie die erste Teigplatte in die Form und verteilen Sie das übrige Öl darauf. Legen Sie die zweite Teigplatte darüber und verteilen Sie die Füllung. Drücken Sie vorsichtig die 4 gekochten Eier hinein und legen Sie die beiden letzten Teigplatten darauf. Drücken Sie die Ränder ein wenig zusammen und bestreichen Sie die Oberfläche mit dem verquirlten Ei.

5 Schieben Sie die Form auf die untere Schiene in den kalten Backofen. Stellen Sie ihn auf 180 °C mit Umluftfunktion ein und backen Sie den Gemüsekuchen für etwa 50 bis 60 Minuten. Die Oberfläche soll am Ende leicht gebräunt sein.

BOHNENEINTOPF |

ARGENTINISCHE GEMÜSETORTE (VEGETARISCH)

4 Port.

1 Std.

Leicht

Zutaten

2 Dosen Kidneybohnen in Chilisoße
1 Dose stückige Tomaten mit Kräutern
150 g Langkornreis
1 Knoblauchzehe
1 Zwiebel
250 ml Gemüsebrühe
6 Stängel Petersilie
1 EL Olivenöl
100 g Tortilla-Chips
Je 1 Prise Salz und Pfeffer

Nährwerte p. P.

510 kcal
85 g Kohlenhydrate
11 g Fett
16 g Eiweiß

1 Pellen Sie die Zwiebel und den Knoblauch und schneiden Sie beides in kleine Stücke. Erhitzen Sie das Olivenöl in einer Pfanne und braten Sie die Zwiebeln und den Knoblauch darin an. Geben Sie den Reis dazu und dünsten Sie alles für ein paar Minuten bei mittlerer Temperatur. Anschließend füllen Sie die Bohnen, die Brühe und die stückigen Tomaten dazu, verrühren alles miteinander und köcheln es für etwa 20 Minuten.

2 Heizen Sie den Backofen auf 125 °C mit Umluftfunktion vor und belegen Sie ein Blech mit Backpapier. Verteilen Sie darauf die Tortilla-Chips und erwärmen Sie sie für kurze Zeit auf der mittleren Schiene.

3 Spülen Sie die Petersilie ab und hacken Sie sie in grobe Stücke. Schmecken Sie die Suppe mit Salz und Pfeffer ab.

4 Zum Servieren richten Sie den Bohneneintopf in Schälchen an, streuen die Petersilie darüber und reichen die warmen Tortilla-Chips dazu.

ARGENTINA

Beilagen

SÜẞKARTOFFELN MIT CHIMICHURRI

3 Port.

30 Min.

Leicht

Zutaten

3 Süßkartoffeln
400 g Bohnen, schwarz, aus der Konserve
4 EL Olivenöl
1 TL Salz
2 Knoblauchzehen
1 Zwiebel
Chimichurri (Rezept in diesem Kochbuch)

Nährwerte p. P.

520 kcal
64 g Kohlenhydrate
22 g Fett
11 g Eiweiß

1 Geben Sie die Bohnen zum Abtropfen in ein Sieb. Pellen Sie die Zwiebel und den Knoblauch und schneiden Sie beides in kleine Würfel. Schälen Sie die Süßkartoffeln und schneiden Sie sie in Würfel. Kochen Sie die Kartoffeln in Salzwasser bissfest.

2 Erhitzen Sie das Olivenöl in einer Pfanne und braten Sie darin die Zwiebeln und den Knoblauch an. Geben Sie nach etwa 4 Minuten die Kartoffelwürfel dazu und braten Sie alles für weitere 3 Minuten. Nun rühren Sie vorsichtig die Bohnen dazu. Braten Sie die Zutaten unter Rühren für etwa 5 Minuten bei niedriger Temperatur.

3 Schmecken Sie die Kartoffeln nach Belieben ab. Zum Servieren reichen Sie das Chimichurri dazu.

AREPAS |

SÜDAMERIKANISCHE MAISFLADEN

10 Port.

45 Min.

Leicht

Zutaten

700 ml Wasser
350 g Maismehl, Harina PAN (vorgekochtes Maismehl)
2 EL Öl, neutral
2 Prisen Salz

Nährwerte p. P.

164 kcal
25 g Kohlenhydrate
5 g Fett
3 g Eiweiß

1 Geben Sie das Maismehl in eine große Schüssel und füllen Sie nach und nach das Wasser dazu. Vermischen Sie es zu einer glatten Masse. Anschließend würzen Sie sie mit dem Salz. Stellen Sie die Schüssel für etwa 15 Minuten beiseite.

2 Nun entnehmen Sie etwa golfballgroße Portionen und formen sie zu Bällchen. Drücken Sie die Bällchen zu Fladen zusammen.

3 Erhitzen Sie das Öl in einer Pfanne und braten Sie die Maisfladen von jeder Seite für je 5 Minuten, bis sie eine hellbraune Färbung bekommen.

4 Servieren Sie die Maisfladen noch warm aus der Pfanne.

SÜDAMERIKANISCHE KARTOFFELN

4 Port.

45 Min.

Leicht

Zutaten

6 Kartoffeln
2 Chilischoten
2 Zwiebeln
4 Knoblauchzehen
1 Dose Tomaten
2 Lorbeerblätter
130 g Butter, zerlassen
3 EL Olivenöl
2 EL Sojasoße
2 EL Tomatenmark
2 EL Zucker
150 ml Weißwein
Je 1 Prise Salz und Pfeffer

Nährwerte p. P.

549 kcal
35 g Kohlenhydrate
39 g Fett
4 g Eiweiß

1 Heizen Sie den Backofen auf 220 °C mit Umluftfunktion vor. Schälen Sie die Kartoffeln und schneiden Sie sie in Würfel. Geben Sie die Kartoffelwürfel in eine Schüssel und würzen Sie sie mit Salz und Pfeffer. Anschließend vermischen Sie die zerlassene Butter darunter.

2 Fetten Sie ein Backblech mit einem Esslöffel Olivenöl ein und verteilen Sie die Kartoffelwürfel darauf. Garen Sie sie für etwa 20 Minuten im Backofen, bis sie eine goldbraune Farbe angenommen haben.

3 In der Zwischenzeit pellen Sie die Zwiebeln und den Knoblauch und schneiden beides in kleine Stücke. Säubern Sie die Chilischoten und schneiden Sie sie in dünne Ringe.

4 Erhitzen Sie das übrige Olivenöl in einer Pfanne und dünsten Sie die Zwiebeln darin an. Geben Sie die Lorbeerblätter hinzu. Anschließend fügen Sie die Chiliringe, die Knoblauchstücke, das Tomatenmark, den Zucker und die Sojasoße dazu und verrühren alles miteinander. Dünsten Sie die Zutaten für etwa 5 Minuten bei mittlerer Temperatur.

5 Währenddessen zerkleinern Sie die Tomaten aus der Dose, geben sie in eine Schüssel und rühren den Wein darunter. Anschließend geben Sie die Tomatenmischung in die Pfanne und köcheln alles für weitere 10 Minuten.

6 Zum Servieren richten Sie die Kartoffeln auf einer Platte an und verteilen die Tomatensoße darüber.

ARGENTINISCHES MAISGERICHT |

BEILAGE ZU FLEISCH UND FISCH

 4 Port.  30 Min.   Leicht

Zutaten

100 g Cheddar-Käse, gerieben
60 g Butter
400 g Mais aus der Dose
2 Eier
3 Zwiebeln
1 Paprika, grün
1 Schuss Milch
Je 1 Prise Salz und Pfeffer

Nährwerte p. P.

330 kcal
21 g Kohlenhydrate
19 g Fett
17 g Eiweiß

1 Pellen Sie die Zwiebeln und schneiden Sie sie in feine Würfel. Säubern Sie die Paprika und schneiden Sie sie in kleine Würfel.

2 Füllen Sie die Milch in einen Topf und geben Sie den Mais dazu. Pürieren Sie alles zu einer feinen Masse. Rühren Sie die Eier hinein und würzen Sie sie mit Salz und Pfeffer.

3 Erhitzen Sie die Butter in einer Pfanne und braten Sie die Zwiebeln und die Paprika darin an. Dünsten Sie beides für etwa 5 Minuten. Füllen Sie nun den Maisbrei hinzu und braten Sie ihn unter Rühren für etwa 5 Minuten an.

4 Anschließend streuen Sie den Käse darüber und verrühren alle Zutaten miteinander, bis der Käse geschmolzen ist.

Fingerfood & Snacks

EMPAÑADAS | GEFÜLLTE TEIGTASCHEN

 1 Port.

 1,5 Std.

 Leicht

Zutaten

150 g Mehl
150 g Maismehl
1 Knoblauchzehe
1 Zwiebel
2 Jalapeño-Chilis
1 Tomate
2 EL Öl
150 ml Wasser, lauwarm
200 g Hackfleisch, Rind
1 TL Paprikapulver
Öl zum Frittieren
Öl zum Braten
Oregano, nach Belieben
1 Prise Pfeffer
½ TL Salz

Nährwerte p. P.

285 kcal
41 g Kohlenhydrate
7 g Fett
14 g Eiweiß

1 Geben Sie beide Mehlsorten in eine Rührschüssel und vermischen Sie das Salz und das Paprikapulver darin. Füllen Sie 2 Esslöffel Öl sowie das lauwarme Wasser hinein und verkneten Sie die Zutaten zu einem Teig. Wickeln Sie den Teig in ein Stück Frischhaltefolie ein und legen Sie ihn für etwa 30 Minuten beiseite.

2 Währenddessen pellen Sie die Zwiebel und den Knoblauch und schneiden beides in kleine Stücke. Ziehen Sie die Haut von der Tomate ab und entfernen Sie die Kerne. Schneiden Sie das Fruchtfleisch in kleine Würfel. Säubern Sie die Chilischoten und schneiden Sie sie in kleine Stücke. Erhitzen Sie etwas Öl in einer Pfanne und braten Sie das Hackfleisch darin an. Würzen Sie es nach Belieben mit Salz, Pfeffer und Oregano. Geben Sie die Zwiebel- und die Knoblauchstücke dazu und verrühren Sie alles. Nun heben Sie die Tomatenwürfel und die Chilistücke unter die Hackmasse.

3 Rollen Sie den Teig auf einer bemehlten Arbeitsfläche aus und stechen Sie Kreise mit einem Durchmesser von etwa 12 Zentimeter heraus. Verteilen Sie die Hackmasse auf die Teigkreise und klappen Sie sie zu einem Halbmond zusammen. Drücken Sie die Ränder etwas fest, damit die Füllung nicht herausquillt.

4 Erhitzen Sie eine reichliche Menge Öl in einem Topf (alternativ können Sie auch eine Fritteuse verwenden) und backen Sie die Teigstücke aus. Legen Sie sie zum Entfetten auf ein Stück Küchenpapier. Serviert werden sie noch warm.

5 Sie können die Empañadas alternativ im Backofen fertigstellen. Verteilen Sie die Teigstücke auf einem mit Backpapier ausgelegten Blech und streichen Sie sie mit etwas Sahne ein. Heizen Sie den Backofen auf 200 °C mit Umluftfunktion vor und backen Sie die Teiglinge für etwa 12 Minuten auf der mittleren Schiene.

SOPAIPILLA |

GEBÄCK

4 Port.

50 Min.

Leicht

Zutaten

500 ml Öl zum Frittieren
240 g Mehl
30 g Butterschmalz
1 TL Backpulver
3 EL Puderzucker
3 EL Honig
1 Prise Salz

Nährwerte p. P.

346 kcal
17 g Kohlenhydrate
30 g Fett
2 g Eiweiß

1 Geben Sie das Mehl in eine Schüssel und vermischen Sie es mit dem Salz, dem Backpulver und dem Butterschmalz zu einem geschmeidigen Teig. Decken Sie die Schüssel ab und stellen Sie sie für etwa 20 Minuten an einen warmen Ort.

2 Bemehlen Sie eine geeignete Arbeitsfläche und rollen Sie den Teig darauf aus. Er soll etwa ½ Zentimeter dünn werden. Schneiden Sie mit einem Messer Dreiecke heraus. Diese sollten etwa eine Schenkellänge von 5 bis 7 Zentimeter aufweisen. Sie können aber auch jede andere gewünschte Form ausschneiden.

3 Erhitzen Sie das Öl in einem Topf auf etwa 180 °C. Alternativ können Sie auch eine Fritteuse verwenden. Frittieren Sie die Teiglinge, bis sie eine goldbraune Farbe annehmen.

4 Holen Sie die Teiglinge mit einem Schöpflöffel heraus und legen Sie sie auf einem Stück Küchenpapier ab. Eine Hälfte bestreichen Sie mit dem Honig, die andere Hälfte bestäuben Sie mit dem Puderzucker.

ARGENTINA

CHURROS |

GEBÄCK

4 Port.

30 Min.

Leicht

Zutaten

110 g Mehl
75 g Butter
250 ml Wasser
3 Eier
1 Prise Salz

225 g Zucker
1 ½ Liter Öl zum Frittieren
2 TL Zimt, gemahlen

Nährwerte p. P.

544 kcal
82 g Kohlenhydrate
20 g Fett
8 g Eiweiß

1 Füllen Sie das Wasser in einen Topf und geben Sie die Butter dazu. Kochen Sie die Flüssigkeit einmal auf und verrühren dann das Salz darin. Sieben Sie unter Rühren das Mehl hinein. Rühren Sie so lange, bis sich der Teig vom Topfboden löst. Füllen Sie den Teig in eine Schüssel und stellen Sie ihn zum Abkühlen beiseite.

2 Nach dem Abkühlen mischen Sie die Eier in den Teig. Füllen Sie ihn in einen Spritzbeutel mit einer Sterntülle.

3 Erhitzen Sie das Öl in einem ausreichend großen Topf auf etwa 175 bis 180 °C. Spritzen Sie mit dem Spritzbeutel etwa 13 Zentimeter lange Streifen in das heiße Öl. Frittieren Sie sie in etwa 5 Minuten goldbraun. Nehmen Sie die Teigstreifen mit einer Schöpfkelle heraus und legen Sie sie zum Entfetten auf ein Stück Küchenpapier.

4 Geben Sie den Zucker in eine Schüssel und vermengen Sie ihn mit dem Zimt. Zum Servieren wälzen Sie die Churros im Zimtzucker.

Desserts/Kuchen

FLAN |

ARGENTINISCHE SÜẞSPEISE

24Port.

45 Min.

Leicht

Zutaten

500 ml Milch
100 g Zucker (für das Karamell)
2 Eigelbe
2 Eier
60 g Zucker
1 Vanilleschote

Nährwerte p. P.

315 kcal
47 g Kohlenhydrate
11 g Fett
8 g Eiweiß

1 Geben Sie den Zucker für das Karamell in einen Topf und bringen Sie ihn bei mittlerer Temperatur zum Schmelzen. Er soll eine goldbraune Farbe annehmen. Anschließend stellen Sie den Topf zum Ruhen beiseite.

2 Nun gießen Sie vorsichtig das Karamell in 4 ofenfeste Förmchen. Drehen Sie die Förmchen etwas, damit sich das Karamell gut am Boden verteilt.

3 Erhitzen Sie die Milch in einem Topf und kratzen Sie das Mark der Vanilleschote hinein. Geben Sie anschließend auch die Schote selbst in die Milch. Kochen Sie die Flüssigkeit kurz auf und nehmen Sie dann den Topf von der Kochstelle. Rühren Sie den Zucker hinein und stellen Sie die Milch für 10 Minuten beiseite.

4 In der Zwischenzeit geben Sie die Eier und das Eigelb in eine Schüssel und verrühren beides zu einer schaumigen Masse. Geben Sie langsam die Vanillemilch dazu und verrühren Sie sie sorgfältig mit der Eimasse. Stellen Sie die Creme kurz beiseite.

5 Rühren Sie die Milchcreme noch einmal gut durch und gießen Sie sie dann in die Förmchen über das Karamell.

6 Heizen Sie den Backofen auf 180 °C vor. Bereiten Sie ein Wasserbad vor und stellen Sie die Förmchen hinein. Garen Sie die Speise im Backofen für etwa 25 Minuten. Mit einem Zahnstocher können Sie prüfen, ob der Flan gar ist. Dies ist der Fall, wenn er beim Herausziehen sauber bleibt.

7 Stellen Sie die Speise zum Abkühlen beiseite. Zum Servieren lösen Sie den Rand mit einem Messer und stürzen den Flan auf einen Teller.

ARGENTINISCHE SCHOKOBANANEN |

ARGENTINISCHE SÜẞSPEISE

2 Port.

15 Min.

Leicht

Zutaten

2 Bananen
2 TL Dulce de leche (Karamell)
4 Stck. Vollmilchschokolade
4 Stck. Zartbitterschokolade

Nährwerte p. P.

253 kcal
45 g Kohlenhydrate
6 g Fett
3 g Eiweiß

1 Heizen Sie den Backofen auf 200 °C mit Umluftfunktion vor. Schlitzen Sie die Schale der Bananen in der Länge auf.

2 Halbieren Sie die Schokoladenstücke und legen Sie immer abwechselnd ein Stück helle und ein Stück dunkle Schokolade in die Schlitze der Bananenschalen.

3 Nun verteilen Sie jeweils einen Teelöffel des Karamells auf den Schokoladenstücken in den Bananen.

4 Backen Sie die Bananen auf der mittleren Schiene für etwa 10 Minuten. Die Schale wird sich dabei schwarz färben.

5 Richten Sie je eine Banane auf einem Teller an und löffeln Sie das schokoladige Fruchtfleisch direkt aus der Schale heraus.

NATILLAS |

ARGENTINISCHE SÜẞSPEISE

6 Port. 1,5 Std. Mittel

Zutaten

750 ml Milch
400 ml Kondensmilch, gezuckert, aus der Dose
200 g Rohrzucker
½ Tasse Wasser
½ TL Natron

Nährwerte p. P.

335 kcal
48 g Kohlenhydrate
11 g Fett
10 g Eiweiß

1 Füllen Sie die Milch und die Kondensmilch in einen Topf und vermischen Sie das Natron darin. Kochen Sie die Milch mit hoher Temperatur und unter ständigem Rühren auf. Nehmen Sie den Topf von der Kochstelle.

2 Geben Sie das Wasser und den Zucker in einen sehr großen Topf. Erhitzen Sie die Flüssigkeit unter Rühren bei mittlerer Temperatur, bis sich der Zucker gelöst hat. Anschließend füllen Sie die heiße Milchmischung dazu und verrühren alles miteinander.

3 Stellen Sie die Kochstelle auf die niedrigste Temperatur und köcheln Sie die Milchmischung für etwa 75 Minuten. Rühren Sie zwischendurch immer wieder um und kontrollieren Sie, dass die Flüssigkeit nicht ansetzt.

4 Am Ende der Kochzeit sollte sich die Milchmischung in einen hell bräunlichen Pudding verwandelt haben. Servieren Sie ihn bei Zimmertemperatur oder gekühlt aus dem Kühlschrank.

QUESILLO |

SÜDAMERIKANISCHE SÜßSPEISE

Zutaten

1 Dose Kondensmilch
1 Becher Crème fraîche
1 Tasse Zucker
4 Eier
1 Schuss Ahornsirup

Nährwerte p. P.

486 kcal
48 g Kohlenhydrate
28 g Fett
12 g Eiweiß

1 Geben Sie den Zucker in einen kleinen Topf und karamellisieren Sie ihn bei mittlerer Temperatur.

2 Füllen Sie die Kondensmilch in eine Schüssel und vermengen Sie sie mit der Crème fraîche und den Eiern. Sie können auch ein Handrührgerät dafür verwenden.

3 Füllen Sie die Milchmischung in einen Topf und verrühren Sie den karamellisierten Zucker darin. Legen Sie einen Deckel auf.

4 Geben Sie in einen größeren Topf etwas Wasser und stellen Sie den Topf mit der Milchmasse hinein. Köcheln Sie die Speise im Wasserbad für etwa 30 Minuten.

5 Nach der Garzeit stürzen Sie die Speise auf einen Teller und geben etwas Ahornsirup darüber.

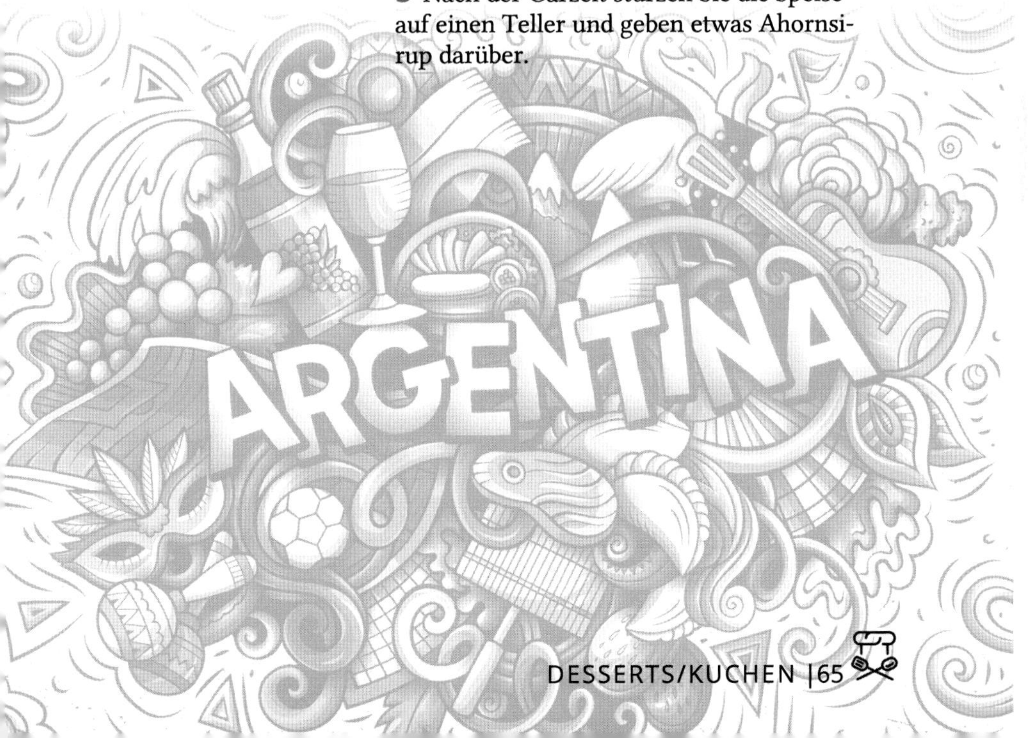

SÜDAMERIKANISCHER MANDARINENKUCHEN

1 Blech

45 Min.

Leicht

Zutaten

4 Dosen Mandarinen
375 g Mehl
300 g Margarine
275 g Zucker
6 Eier
1 Pck. Backpulver
1 Pck. Vanillezucker
Puderzucker, nach Belieben

Nährwerte p. 100 g

335 kcal
38 g Kohlenhydrate
18 g Fett
4 g Eiweiß

1 Zunächst trennen Sie die Eier und geben das Eigelb in eine Rührschüssel. Fügen Sie den Zucker sowie den Vanillezucker dazu und verrühren Sie alles zu einer schaumigen Masse. Anschließend vermischen Sie das Mehl und das Backpulver darunter.

2 Geben Sie die Margarine in einen Topf und erwärmen Sie sie. Alternativ können Sie die Margarine auch in der Mikrowelle zerlassen. Mischen Sie sie zum Teig. Nun schlagen Sie das Eiweiß zu einem steifen Schnee und heben es vorsichtig darunter.

3 Fetten Sie ein Blech ein oder belegen Sie es mit Backpapier. Füllen Sie den Teig hinein und streichen Sie ihn glatt. Geben Sie die Mandarinen in ein Sieb und fangen Sie den Saft auf. Nun verteilen Sie die Mandarinen auf dem Teig.

4 Heizen Sie den Backofen auf 200 °C mit Umluftfunktion vor und backen Sie den Kuchen auf der mittleren Schiene für etwa 25 Minuten.

5 Nach der Backzeit gießen Sie den Mandarinensaft über den noch heißen Kuchen. Vor dem Servieren stäuben Sie etwas Puderzucker darüber.

ARGENTINA

LIMETTEN-KOKOS-KUCHEN

16 Port.

1 Std.
10 Min.

Leicht

Zutaten

300 g Mehl
125 g Puderzucker
175 g Zucker, braun
250 g Butter, weich
2 Limetten
4 Eier
200 ml Kokosmilch
2 TL Vanillezucker
2 TL Backpulver
1 Prise Salz

Nährwerte p. P.

300 kcal
35 g Kohlenhydrate
16 g Fett
4 g Eiweiß

1 Heizen Sie den Backofen auf 180 °C mit Ober- und Unterhitze vor. Reiben Sie eine Menge von etwa 2 Teelöffeln von der Limettenschale ab. Anschließend halbieren Sie die Früchte und pressen den Saft heraus.

2 Geben Sie die Butter in eine Rührschüssel und verrühren Sie sie mit dem braunen Zucker, dem Vanillezucker und dem Salz. Sie können ein Handrührgerät verwenden, um eine cremige Masse herzustellen. Fügen Sie einzeln die Eier hinzu. Nun vermischen Sie 1 Teelöffel Limettenschale, das Mehl und das Backpulver sowie die Kokosmilch mit der Masse.

3 Fetten Sie eine Springform mit Kranzeinsatz ein und bestäuben Sie sie mit Mehl. Füllen Sie den Teig hinein und streichen Sie ihn glatt. Backen Sie den Kuchen für etwa 45 Minuten auf der mittleren Schiene.

4 In der Zwischenzeit vermischen Sie den Puderzucker mit 1 bis 2 Esslöffeln Limettensaft. Der Guss soll nicht zu flüssig werden.

5 Nehmen Sie den Kuchen aus dem Ofen und stechen Sie ihn mit einem Holzspieß mehrmals ein. Verteilen Sie den restlichen Limettensaft darüber und stellen ihn für 10 Minuten zum Abkühlen beiseite. Anschließend lösen Sie den Kranz und verteilen den Zuckerguss über den Kuchen. Nach gänzlichem Abkühlen servieren Sie den Kuchen auf einem Tortenteller.

Getränke

JULEP MIT TERMA |

ARGENTINISCHER COCKTAIL

8 Port.

5 Min.

Leicht

Zutaten

30 ml Brandy
30 ml Rotwein
10 ml Cointreau
30 ml Orangensaft
30 ml Ananassaft
1 Spritzer Pfefferminzsirup
einige Eiswürfel
Mineralwasser, nach Belieben
Zitrone, nach Belieben
50 ml Terma

Nährwerte p. 100 g

158 kcal
13 g Kohlenhydrate
1 g Fett
10 g Eiweiß

1 Füllen Sie einige Eiswürfel in einen Shaker und geben Sie den Orangensaft, den Ananassaft, den Wein, den Brandy, den Sirup und den Cointreau dazu.

2 Schütteln Sie die Flüssigkeiten gut durch. Befüllen Sie ein Longdrinkglas mit einigen Eiswürfeln und gießen Sie den Cocktail hinein.

3 Säubern Sie die Zitrone und halbieren Sie sie. Schneiden Sie einige Scheiben ab und pressen Sie aus dem Rest den Saft heraus.

4 Befüllen Sie ein weiteres Longdrinkglas mit Eiswürfeln und gießen Sie den Terma darüber. Geben Sie nach Belieben Mineralwasser und Zitronensaft dazu und dekorieren Sie den Glasrand mit einer Zitronenscheibe.

FERNANDITO |

ARGENTINISCHER LONGDRINK

1 Port.

5 Min.

Leicht

Zutaten

50 ml Fernet Branca
Coca-Cola, nach Belieben
Eiswürfel, nach Belieben

Nährwerte p. P.

145 kcal
10 g Kohlenhydrate
0 g Fett
0 g Eiweiß

1 Geben Sie einige Eiswürfel in ein Longdrinkglas und füllen Sie den Fernet Branca hinein.

2 Anschließend geben Sie Cola nach Belieben dazu. Es bildet sich eine Schaumkrone, die charakteristisch für dieses Getränk ist. Rühren Sie vorsichtig um.

ANANÁ FIZZ |

ARGENTINISCHER LONGDRINK

8 Port.

5 Min.

Leicht

Zutaten

500 ml Ananassaft
1 Flasche Sekt
2 EL Zucker
Rum, nach Belieben

Nährwerte p. P.

149 kcal
13 g Kohlenhydrate
0 g Fett
1 g Eiweiß

1 Füllen Sie den Ananassaft in einen geeigneten Krug und geben Sie den Sekt dazu.

2 Verrühren Sie vorsichtig den Zucker darin und geben Sie eine beliebige Menge Rum dazu.

ARGENTINA

MINT JULEP |

ARGENTINISCHER COCKTAIL

1 Port.

5 Min.

Leicht

Zutaten

20 ml Minzsirup
30 ml Whiskey
2 Spritzer Angostura
1 Zweig frische Minze
Crushed Ice

Nährwerte p. P.

140 kcal
18 g Kohlenhydrate
0 g Fett
0 g Eiweiß

1 Befüllen Sie ein Cocktailglas zur Hälfte mit Crushed Ice. Anschließend gießen Sie den Whiskey und den Minzsirup dazu. Beides sollte sehr kalt sein.

2 Geben Sie 2 Spritzer Angostura in das Glas und rühren Sie vorsichtig um. Nun füllen Sie so viel Crushed Ice hinzu, bis das Glas voll ist.

3 Garnieren Sie den Cocktail mit einem Zweig frischer Minze und stecken Sie einen Strohhalm ins Glas.

FRUITY GAUCHO |

ARGENTINISCHER WM-COCKTAIL

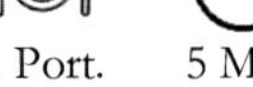
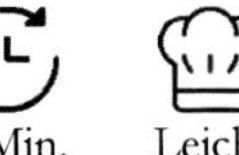

1 Port. 5 Min. Leicht

Zutaten

80 ml Rotwein, argentinisch (z. B. Mendoza)
40 ml Heidelbeerpüree oder Heidelbeersaft
30 ml Eierlikör
1 Spritzer Zitronensaft
1 Prise Mate, grüner Mate-Tee

Nährwerte p. P.

162 kcal
14 g Kohlenhydrate
2 g Fett
2 g Eiweiß

1 Die Getränke müssen zur Zubereitung sehr kalt sein. Bewahren Sie sie vorher im Kühlschrank auf.

2 Geben Sie den Eierlikör in ein Cocktailglas und rühren Sie das Heidelbeerpüree darunter. Anschließend gießen Sie den Rotwein dazu und geben einen Spritzer Zitronensaft hinein. Verrühren Sie alles gut miteinander.

3 Zum Servieren streuen Sie den Mate-Tee auf das Getränk.

FRAPÊ DE CÔCO |

SÜDAMERIKANISCHER KOKOS-COCKTAIL

8 Port.

10 Min.

Leicht

Zutaten

400 ml Wodka
1 Dose Kondensmilch, gezuckert
Eiswürfel

Nährwerte p. P.

370 kcal
29 g Kohlenhydrate
13 g Fett
5 g Eiweiß

1 Stellen Sie die Zutaten zunächst in den Kühlschrank, denn zur Zubereitung sollten sie gut gekühlt sein.

2 Füllen Sie den Wodka und die Kondensmilch in einen Shaker und schütteln Sie ihn so lange, bis eine cremige Flüssigkeit entsteht.

3 Geben Sie nach Belieben Eiswürfel in ein Longdrinkglas und füllen Sie den Cocktail hinein.

4 Zum Servieren stecken Sie einen kleinen Papierschirm in das Glas.

ANANAS-KOKOS-SMOOTHIE

4 Port.

15 Min.

Leicht

Zutaten

1 kg Trinkjoghurt Kokos
1 EL Honig
¼ Ananas (ca. 500 g)
100 g Eiswürfel

Nährwerte p. P.

201 kcal
38 g Kohlenhydrate
3 g Fett
8 g Eiweiß

1 Schälen Sie die Ananas und entfernen Sie den Strunk. Schneiden Sie die benötigte Menge des Fruchtfleisches in grobe Stücke.

2 Geben Sie die Ananasstücke in ein Gefäß und füllen Sie den Trinkjoghurt sowie den Honig dazu. Geben Sie die Eiswürfel hinein und pürieren Sie alle Zutaten zu einer feinen Masse.

3 Verteilen Sie den Smoothie auf Gläser und stecken Sie zum Servieren einen kleinen Papierschirm hinein.

HEIẞER CHILI-KAKAO

1 Port.

15 Min.

Leicht

Zutaten

200 ml Milch
20 ml Rum, weiß
50 ml Sahne
25 g Zartbitterschokolade
¼ TL Cayennepfeffer
Zucker, nach Belieben

Nährwerte p. P.

374 kcal
23 g Kohlenhydrate
22 g Fett
10 g Eiweiß

1 Füllen Sie die Milch und die Sahne in einen Topf und verrühren Sie den Cayennepfeffer darin. Erhitzen Sie die Milchmischung bei mittlerer Temperatur, bis sie zu kochen beginnt. Nehmen Sie den Topf von der Kochstelle, decken Sie ihn ab und stellen Sie ihn für 10 Minuten beiseite.

2 Währenddessen zerhacken Sie die Schokolade. Gießen Sie die Milch durch ein Sieb und anschließend wieder in den Topf. Geben Sie die Schokolade hinein und erhitzen Sie die Milch vorsichtig bei mittlerer Temperatur. Rühren Sie immer wieder um, bis die Schokolade geschmolzen ist. Süßen Sie die Schokoladenmilch nach Belieben mit Zucker.

3 Zum Servieren füllen Sie den Rum in einen Becher und gießen den heißen Chili-Kakao darüber.

Soßen, Aufstriche, Cremes & Dips

SCHARFE SOßE ZU FLEISCH

4 Port.

15 Min.

Leicht

Zutaten

2 Zwiebeln, rot
1 Lorbeerblatt
Je 1 Handvoll Petersilie und Koriandergrün
2 Knoblauchzehen
60 ml Olivenöl
50 ml Weinessig
1 EL Zitronensaft
½ TL Pfefferkörner
½ TL Chiliflocken, getrocknet
1 Prise Salz

Nährwerte p. P.

138 kcal
3 g Kohlenhydrate
14 g Fett
1 g Eiweiß

1 Spülen Sie die Kräuter ab und hacken Sie sie in feine Stücke. Pellen Sie die Zwiebeln und den Knoblauch und schneiden Sie beides in feine Würfel.

2 Geben Sie das Lorbeerblatt, die Pfefferkörner und die Chiliflocken in einen Mörser und zerstoßen Sie alles zu einem feinen Pulver.

3 Geben Sie die Zwiebeln, den Knoblauch und die Kräuter mit den zerstoßenen Gewürzen in eine Schüssel und verrühren Sie es mit dem Essig und dem Öl. Schmecken Sie die Soße mit Salz und Zitronensaft ab.

4 Stellen Sie die Soße für einige Stunden zum Ziehen in den Kühlschrank.

ROSA SOẞE |

ARGENTINISCHES SALATDRESSING

6 Port.

10 Min.

Leicht

Zutaten

3 EL Ketchup
4 EL Mayonnaise
1 EL Essig
4 EL Kondensmilch
2 EL Sonnenblumenöl
1 Knoblauchzehe
200 ml Sahne
½ TL Tabasco
Je ½ TL Puderzucker und Currypulver
1 Msp. Zimt
Kräuter, nach Belieben (TK oder frisch)

Nährwerte p. P.

214 kcal
5 g Kohlenhydrate
21 g Fett
2 g Eiweiß

1 Pellen Sie den Knoblauch und pressen Sie ihn in eine Rührschüssel.

2 Geben Sie alle weiteren Zutaten zum Knoblauch in die Schüssel und verrühren Sie sie mit einem Schneebesen zu einer cremigen Soße.

3 Die Soße ist gleich nach der Zubereitung servierfertig, sie muss nicht zum Ziehen beiseitegestellt werden.

SALSA CRIOLLA |

ARGENTINISCHE GRILLSOßE

4 Port.

30 Min.

Leicht

Zutaten

50 ml Olivenöl
2 EL Rotweinessig
1 Zwiebel
1 Knoblauchzehe
Je 1 Paprika, gelb, grün und rot
3 Tomaten
2 Zweige Oregano, frisch
1 Prise Pfeffer
1 Prise Chiliflocken
½ TL Salz

Nährwerte p. P.

175 kcal
9 g Kohlenhydrate
13 g Fett
2 g Eiweiß

1 Säubern Sie die Paprika und schneiden Sie sie in kleine Würfel. Pellen Sie die Zwiebel und schneiden Sie sie in kleine Stücke. Pellen Sie den Knoblauch und pressen Sie ihn in eine kleine Schale. Halbieren Sie die Tomaten, entfernen Sie die Kerne sowie den Strunk und schneiden Sie sie in kleine Würfel. Zupfen Sie die Oreganoblätter ab und hacken Sie sie in feine Stücke.

2 Füllen Sie den Rotweinessig und das Olivenöl in eine Schüssel und vermengen Sie beides miteinander. Würzen Sie mit Pfeffer, Salz und den Chiliflocken und geben Sie die Kräuter dazu. Verrühren Sie alle Zutaten mit einem Schneebesen.

3 Anschließend geben Sie das vorbereitete Gemüse dazu und vermischen alles gut miteinander. Stellen Sie die Salsa für mindestens 30 Minuten in den Kühlschrank.

Tipp: Wenn Sie das Aufbewahrungsgefäß luftdicht verschließen, ist die Salsa 2 bis 3 Tage haltbar.

GUACAMOLE |

AVOCADO-DIP

4 Port.

30 Min.

Leicht

Zutaten

1 Tomate
1 Zwiebel, rot
2 Avocados
1 Chilischote
2 Knoblauchzehen
1 Limette
2 EL Koriander, frisch
Je 1 Prise Salz und Pfeffer

Nährwerte p. P.

258 kcal
4 g Kohlenhydrate
24 g Fett
3 g Eiweiß

1 Halbieren Sie die Avocados und lösen Sie den Kern heraus. Mit einem Löffel entfernen Sie das Fruchtfleisch aus der Schale und geben es in eine Schüssel.

2 Pressen Sie den Saft aus der Limette und füllen ihn in die Schüssel mit dem Avocadofruchtfleisch. Zerdrücken Sie es mit einer Gabel zu einem Püree.

3 Waschen Sie die Tomate ab und entfernen Sie die Kerne. Schneiden Sie sie in kleine Würfel. Spülen Sie den Koriander ab und hacken Sie ihn in feine Stücke. Pellen Sie die Zwiebel und den Knoblauch und schneiden Sie beides in feine Würfel. Den Knoblauch können Sie nach Belieben auch durchpressen. Säubern Sie die Chilischote und schneiden Sie sie in feine Stücke.

4 Geben Sie diese Zutaten zum Avocadopüree und vermischen Sie alles gut miteinander. Würzen Sie den Dip mit wenig Pfeffer und reichlich Salz.

ANANAS-SALSA

4 Port.

3,5 Std.

Leicht

Zutaten

1 Spitzpaprika, rot
1 Limette
3 Tomaten
1 Ananas
1 Chilischote, grün
3 EL Olivenöl
3 Zweige Koriander, frisch
½ TL Pfeffer
1 Prise Salz

Nährwerte p. P.

205 kcal
20 g Kohlenhydrate
12 g Fett
2 g Eiweiß

1 Schälen Sie die Ananas und entfernen Sie den Strunk. Schneiden Sie das Fruchtfleisch in kleine Stücke. Waschen Sie die Tomaten und entfernen Sie die Kerne. Schneiden Sie sie in kleine Würfel. Säubern Sie die Paprika und die Chilischote und schneiden Sie beides in kleine Stücke. Spülen Sie den Koriander ab und hacken Sie die Blätter in feine Stücke. Pressen Sie den Saft aus der Limette.

2 Geben Sie die Ananasstücke, die Tomatenwürfel, die Paprikastücke, die Chilistücke und den Koriander in eine Rührschüssel. Füllen Sie das Olivenöl dazu und würzen Sie mit dem Pfeffer und dem Salz. Anschließend rühren Sie den Limettensaft hinein.

3 Vermischen Sie alle Zutaten sorgfältig miteinander und stellen Sie die Salsa für mindestens 3 Stunden in den Kühlschrank. Vor dem Servieren gießen Sie den entstandenen Saft ab.

ARGENTINISCHE GRILLSOẞE

4 Port.

10 Min.

Leicht

Zutaten

2 EL Orangensaft
3 EL Zuckersirup
2 EL Weißweinessig
1 EL Senf, scharf
2 EL Zucker, braun
1 TL Chilisoße
½ TL Worcestersoße

Nährwerte p. P.

86 kcal
18 g Kohlenhydrate
1 g Fett
1 g Eiweiß

1 Geben Sie den Sirup und den Senf in eine Schüssel und vermischen Sie beides gut miteinander.

2 Rühren Sie den Orangensaft, den Essig und den Zucker dazu. Schmecken Sie die Soße mit Chilisoße und Worcestersoße ab.

3 Sie können diese Grillsoße zu allem Gegrillten, zu Fisch und zu Geflügel servieren.

BOHNEN-SALSA

4 Port. 45 Min. Leicht

Zutaten

1 Dose Azuki-Bohnen
1 Zwiebel, rot
1 Chili, rot
1 Paprika, rot
200 g Tomaten
1 TL Agavendicksaft
2 TL Tomatenmark
Je 1 Prise Salz und Pfeffer

Nährwerte p. P.

102 kcal
15 g Kohlenhydrate
1 g Fett
8 g Eiweiß

1 Spülen Sie die Tomaten ab, entfernen Sie den Strunk und schneiden Sie sie in Würfel. Pellen Sie die Zwiebel und hacken Sie sie in feine Stücke. Säubern Sie die Paprika und die Chilischote und schneiden Sie sie in kleine Stücke. Geben Sie die Bohnen in ein Sieb und spülen Sie sie gründlich ab.

2 Geben Sie das zerkleinerte Gemüse und die Bohnen in eine Schüssel und vermischen Sie alle Zutaten gut miteinander. Rühren Sie anschließend den Agavendicksaft und das Tomatenmark darunter. Würzen Sie nach Belieben mit Salz und Pfeffer.

3 Stellen Sie die Bohnen-Salsa für mindestens 15 Minuten zum Durchziehen in den Kühlschrank.

MARACUJA-VINAIGRETTE

4 Port.

45 Min.

Leicht

Zutaten

½ Bund Petersilie
2 Maracujas
4 EL Olivenöl
1 TL Ahornsirup
1 EL Weißweinessig
Je 1 Prise Salz und Cayennepfeffer

Nährwerte p. P.

236 kcal
1 g Kohlenhydrate
26 g Fett
0 g Eiweiß

1 Halbieren Sie die Maracujas und entkernen Sie sie. Geben Sie das Fruchtfleisch in einen Multizerkleinerer und pürieren Sie es zu einer feinen Masse. Streichen Sie es durch ein Sieb in eine Schüssel.

2 Verrühren Sie das Maracujapüree mit dem Olivenöl, dem Essig und dem Ahornsirup. Würzen Sie es nach Belieben mit Cayennepfeffer und Salz. Rühren Sie das Püree so lange, bis eine dickliche Masse entsteht.

3 Stellen Sie das Püree für mindestens 30 Minuten in den Kühlschrank. Währenddessen spülen Sie die Petersilie ab und hacken sie in feine Stücke.

4 Nach der Kühlzeit vermischen Sie die Petersilie im Maracujapüree. Nun können Sie die Vinaigrette nach Belieben, zum Beispiel für einen Salat, weiterverwenden.

AVOCADO-MAIS-SALSA

4 Port.

30 Min.

Leicht

Zutaten

250 g Mais aus der Konserve
1 Avocado
2 Knoblauchzehen
1 Limette
20 g Koriander, frisch
2 EL Öl
1 EL Butter
Je 1 Prise Chilipulver, Pfeffer, Salz und Zucker

Nährwerte p. P.

300 kcal
14 g Kohlenhydrate
15 g Fett
24 g Eiweiß

1 Geben Sie den Mais zum Abtropfen in ein Sieb und füllen Sie ihn anschließend in eine Schüssel um. Pellen Sie den Knoblauch und schneiden Sie ihn in dünne Scheiben.

2 Erhitzen Sie das Öl und die Butter bei mittlerer Temperatur in einer Pfanne und dünsten Sie den Knoblauch darin an. Die Scheibchen sollen eine leicht bräunliche Farbe bekommen.

3 Ist dies der Fall, geben Sie die Knoblauchscheiben mit dem Fett in die Schüssel zum Mais und vermischen die Zutaten.

4 Reiben Sie eine ungefähre Menge von einem Teelöffel von der Limettenschale ab. Dann halbieren Sie sie und pressen den Saft heraus. Schneiden Sie die Avocado zur Hälfte durch und entfernen Sie den Kern. Nun können Sie mithilfe eines Löffels das Fruchtfleisch aus der Schale lösen. Schneiden Sie es in grobe Würfel.

5 Spülen Sie den Koriander ab und hacken Sie ihn in feine Stücke. Geben Sie ihn zum Mais und fügen Sie ebenso die Avocadostücke und die Limettenschale hinzu. Mischen Sie eine beliebige Menge des Limettensaftes unter die Zutaten und würzen Sie die Salsa mit Salz, Pfeffer, Zucker und Chilipulver.

ARGENTINA

SÜßKARTOFFELDIP MIT CHILIÖL

4 Port.

30 Min.

Leicht

Zutaten

300 g Süßkartoffeln
2 Knoblauchzehen
1 Zwiebel
1 TL Chiliöl
3 EL Olivenöl
1 TL Kreuzkümmel
1 TL Cayennepfeffer, granuliert
1 TL passierte Tomaten
100 ml Gemüsebouillon
Salz, nach Belieben

Nährwerte p. P.

160 kcal
20 g Kohlenhydrate
8 g Fett
2 g Eiweiß

1 Füllen Sie das Öl in einen Topf und vermischen Sie es mit dem Cayennepfeffer. Erhitzen Sie es leicht bei niedriger Temperatur.

2 Schälen Sie die Süßkartoffeln und schneiden Sie sie in kleine Würfel. Pellen Sie die Zwiebel und schneiden Sie sie in grobe Stücke. Pellen Sie den Knoblauch und pressen Sie ihn in ein Schälchen.

3 Erhitzen Sie das Chiliöl in einer Pfanne und dünsten Sie darin die Zwiebelwürfel an. Geben Sie die passierten Tomaten, den gepressten Knoblauch und den Kreuzkümmel dazu. Vermischen Sie alles mit den Süßkartoffelwürfeln und löschen Sie die Zutaten mit der Bouillon ab. Legen Sie einen Deckel auf und köcheln Sie alles, bis die Kartoffelwürfel gar sind.

4 Anschließend pürieren Sie alles zu einer cremigen Masse. Würzen Sie den Dip nach Belieben mit Salz. Zum Servieren träufeln Sie das übrige Chiliöl darüber.

Gewürzmischungen aus Argentinien

CHIMICHURRI |

ARGENTINISCHE GEWÜRZSOẞE

4 Port.

35 Min.

Leicht

Zutaten

1 Zwiebel
1 Bund Frühlingszwiebeln
5 Knoblauchzehen
1 Bund Petersilie
100 ml Essig
1 EL Salz
1 TL Senf
250 ml Wasser

Nährwerte p. P.

31 kcal
5 g Kohlenhydrate
0 g Fett
1 g Eiweiß

1 Pellen Sie die Zwiebeln und den Knoblauch und schneiden Sie beides in kleine Stücke. Säubern Sie die Frühlingszwiebeln und schneiden Sie sie in feine Stücke. Spülen Sie die Petersilie ab und entfernen Sie die Blätter.

2 Geben Sie alle Zutaten in einen Multizerkleinerer und mixen Sie alles durch, bis Sie eine dickflüssige Soße erhalten.

3 Füllen Sie die Gewürzsoße in ein verschließbares Behältnis und bewahren Sie sie bis zum Verzehr im Kühlschrank auf.

CHIMICHURRI ROJO |

ROTES CHIMICHURRI

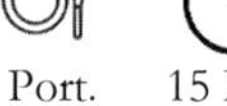

4 Port. 15 Min. Leicht

Zutaten

100 ml Olivenöl
3 EL Rotweinessig
1 TL Paprikapulver, edelsüß
2 TL Pfeffer
1 TL Salz
1 TL Chipotle Chili
1 TL Oregano, getrocknet
½ TL Kreuzkümmel
2 Zwiebeln, rot
2 Spitzpaprika, rot
1 Chilischote, rot
4 Knoblauchzehen
1 Limette
4 Cherrytomaten
¾ Bund Petersilie

Nährwerte p. P.

302 kcal
12 g Kohlenhydrate
26 g Fett
3 g Eiweiß

1 Spülen Sie die Petersilie ab und hacken Sie sie in grobe Stücke. Pellen Sie die Zwiebeln und den Knoblauch und schneiden Sie beides in grobe Stücke. Säubern Sie die Paprika und die Chilischoten und schneiden Sie beides in kleine Würfel. Waschen Sie die Tomaten ab und halbieren Sie sie. Säubern Sie die Limette und reiben Sie die Schale ab. Anschließend pressen Sie den Saft heraus.

2 Geben Sie alle Zutaten, bis auf das Olivenöl und den Limettensaft, in einen Multizerkleinerer und zerkleinern alles. Alternativ können Sie die Zutaten auch mit einem Messer sorgfältig zerkleinern.

3 Anschließend geben Sie die zerkleinerten Gewürze mit dem Olivenöl und dem Limettensaft in einen Mörser. Zerdrücken Sie alles so lange, bis eine dickflüssige Soße entsteht.

4 Damit das volle Aroma entfaltet wird, stellen Sie die Soße für 24 Stunden in den Kühlschrank.

5 Wenn alle Kräuter mit Olivenöl bedeckt sind, können Sie die Soße in einem verschlossenen Behältnis über mehrere Wochen im Kühlschrank lagern.

ASADO |

ARGENTINISCHES GRILLGEWÜRZ

4 Port.

5 Min.

Leicht

Zutaten

1 EL Oregano, getrocknet
4 EL Salz
1 EL Paprikapulver, rosenscharf
2 EL Paprikapulver, edelsüß
1 EL Basilikum, getrocknet
3 EL Maisstärke
2 EL Zwiebelpulver
1 EL Zimtblüten
1 EL Knoblauchpulver
10 Gewürznelken
2 TL Rosmarin, getrocknet
2 TL Thymian, getrocknet
1 Msp. Chiliflocken

Nährwerte p. P.

20 kcal
3 g Kohlenhydrate
1 g Fett
1 g Eiweiß

1 Geben Sie alle Zutaten in einen Multizerkleinerer und verarbeiten Sie sie zu einem feinen Pulver. Alternativ können Sie auch einen Mörser verwenden.

2 Füllen Sie die Gewürzmischung in ein verschließbares Glas. So können Sie es für etwa 4 Monate aufbewahren.

3 Zur Verwendung mischen Sie 1 Esslöffel der Gewürzmischung mit 2 Esslöffeln Öl und bestreichen Ihr Grillfleisch damit.